Second Edition

ench AS and A

élan

Grammar Workbook

Marian Jones

Gill Maynard

OXFORD

UNIVERSITY PRESS

OXFORD

UNIVERSITY PRESS

Great Clarendon Street, Oxford OX2 6DP

Oxford New York

Auckland Bangkok Buenos Aires Cape Town Chennai
Dar es Salaam Delhi Hong Kong Istanbul Karachi Kolkata
Kuala Lumpur Madrid Melbourne Mexico City Mumbai Nairobi
São Paulo Shanghai Taipei Tokyo Toronto

Oxford is a registered trade mark of Oxford University Press
in the UK and certain other countries

British Library Cataloguing in Publication Data

Data available
ISBN 978 019 915340 4

20 19 18 17 16 15 14 13 12

Typeset by Thomson Digital

Printed in Great Britain by Ashford Colour Press Ltd.

Acknowledgements

The authors and publishers would like to thank the following people
for their help and advice: Kirsty Thathapudi (editor) and
Marie-Thérèse Bougard (language consultant).

Contents

Nouns and determiners

Reminder

◆ All nouns in French are either masculine or feminine.

A Look at the list of noun endings typical for each gender (1:1). Add two more examples for each ending to the lists below. Check the gender in a dictionary to make sure it's not one of the exceptions!

Typical masculine endings
1 -é   le curé, le _____
_____
2 -age   le village, le _____
_____
3 -eau   le bateau, le _____
_____
4 -ège   le collège, le _____
_____
5 -isme   le tabagisme, le _____
_____

Typical feminine endings
6 -ée   la durée, la _____
_____
7 -tion   la nation, la _____
_____
8 -itude l'habitude, la _____
_____
9 -ience la patience, la _____
_____
10 -ité   la mentalité, la _____
_____

Reminder

◆ There are many exceptions to these patterns.

B Check the genders of these common nouns in a dictionary and fill in *le* or *la* as appropriate each time.

1 _____ lycée   5 _____ peau
2 _____ silence   6 _____ majorité
3 _____ musée   7 _____ société
4 _____ plage   8 _____ page

Reminder

◆ Nouns ending in a consonant are usually masculine, while those ending in a silent -e after two consonants are usually feminine.

C Fill in *le* or *la* to show the correct gender of the following nouns.

1 _____ quartier
2 _____ ville
3 _____ concert
4 _____ travail
5 _____ cassette
6 _____ résultat
7 _____ compagnon
8 _____ guerre
9 _____ portrait
10 _____ physicien

Reminder

◆ Nouns referring to people (jobs, nationalities, etc) usually have a masculine and a feminine form.

D Give the feminine form of the following nouns.

1 un acteur
   une _____
2 un chanteur
   une _____
3 un Anglais
   une _____
4 un lycéen
   une _____
5 un héros
   une _____
6 un infirmier
   une _____
7 un Canadien
   une _____
8 un Parisien
   une _____

Singular and plural nouns

E1 Grammar 1.2, p146

Reminder

◆ Most French nouns add -s to make them plural.
Those ending in -s, -x or -z stay the same.

E Complete the chart.

	singular	plural
1	la région	les
2	l'enfant	les
3	la	les batailles
4	le prix	les
5	le	les gaz
6	la voix	les
7	le pays	les
8	l'étudiant	les
9	le	les bras
10	l'	les idées

Reminder

◆ To form the plural:
nouns ending in -al change to -aux
nouns ending in -eau or -eu add -x.

F Give the plural.

1 le cheval
  les _____

2 le journal
  les _____

3 le château
  les _____

4 le feu
  les _____

5 l'oiseau
  les _____

Reminder

◆ Occasionally French uses a singular noun where
English uses a plural, or the other way round.

G Use a dictionary to complete the following
sentences.

1 Au bureau, elle porte un _____
  (trousers)

2 Demain, nous partons en _____
  (holiday)

3 Il fait des _____ remarquables au
  collège. (progress)

4 Je m'intéresse à la _____ (politics)

5 Mon chef voyage beaucoup pour ses
  _____ (business)

Reminder

◆ Compound nouns form plurals in different ways.

H Use a dictionary to find the plurals of the following
nouns.

1 le sèche-cheveux
  les _____

2 le lave-vaisselle
  les _____

3 la grand-mère
  les _____

4 le beau-père
  les _____

5 le porte-monnaie
  les _____

I Complete this paragraph using plural forms of the
nouns in the box.

Les _____ des grandes
_____ disent qu'il y a trop de
_____ et trop d'_____
dans les _____. Mais il y a certains
_____ ; il y a beaucoup de
_____ comme les _____
et les _____, et les _____
en commun sont excellents.

distraction avantage habitant ville cinéma
théâtre voiture transport rue embouteillage

Definite and indefinite articles

Reminder

♦ The determiner (*le, la, les, un, une, des*) changes depending on whether a noun is masculine or feminine, singular or plural.

A Decide whether the definite or the indefinite article makes sense in these sentences and fill in the correct word each time (*le, la, les, un, une, des*).

1 _____ population de Paris augmente toujours.

2 J'ai _____ amis en France.

3 _____ touristes apprécient _____ climat méditerranéen.

4 _____ Gaule a été occupée par _____ Romains.

5 Nous avons vu _____ bonne émission à la télévision.

6 La famille a vendu _____ vieille Renault et a acheté _____ voiture neuve.

7 _____ tour Eiffel est unique.

8 L'hôtel a _____ piscine et _____ restaurant.

9 Les lycéens ont _____ problèmes en maths, car _____ professeur est souvent malade.

10 Voici _____ météo. Ce matin _____ soleil brille partout, mais pendant la journée _____ beau temps disparaît. _____ pluie arrive pendant l'après-midi, et on attend _____ averses, surtout sur _____ côte Atlantique.

Reminder

♦ In French, no article is used in front of jobs.

B Translate into French.

1 Pierre is a teacher.

_____

2 Sophie would like to be a journalist.

_____

3 Paul doesn't want to be a civil servant.

_____

4 Anne hopes to become a lawyer.

_____

5 Martin is studying to become an interpreter.

_____

Reminder

♦ In French an article cannot be left out as it can be in English.

C Underline the articles in these sentences then translate the sentences into good English.

1 La France est un beau pays.

_____

2 Les touristes anglais l'adorent.

_____

3 Les étrangers achètent souvent une vieille maison à la campagne.

_____

4 La vie en France est agréable.

_____

5 Les transports en commun sont efficaces et la cuisine française est bonne.

_____

D Translate these sentences into French, paying particular attention to articles.

1 Switzerland is a beautiful country.

_____

2 Belgian chocolates are delicious.

_____

3 Journalists always criticise politicians.

_____
_____

4 You can buy French wine in supermarkets.

_____
_____

5 Young French people learn English in school.

_____

6 France is playing football against Germany tonight.

_____

7 I like sport, especially tennis.

_____

8 I'd like to study maths or history at university.

_____
_____

9 My father is an engineer and my mother is a doctor.

_____

10 Students often have financial problems.

_____

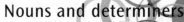

The partitive (*de* + noun)

E1 p20 E1 Grammar: 1,4, p147

Reminder

◆ Use *du, de la, de l'* or *des* before a noun to say 'some' or 'any'.

A Complete the following with the correct form of the partitive.

1 _____ travail   3 _____ industrie
2 _____ forêts   4 _____ pluie

B Translate these phrases into French.

1 some money _____
2 some problems _____
3 some friends _____
4 some snow _____

Reminder

◆ Use *du, de la, de l'* or *des* before a noun to say 'of the'.

C Complete the following phrases with the correct form.

1 les magasins _____ village
2 l'économie _____ région

3 les avantages _____ vie agricole
4 les problèmes _____ agriculteurs

D Fill in the gaps with *du, de la, de l', des, de* or *d'* as appropriate.

En ville, il y a _____ cinémas et _____

Reminder

◆ After a negative or in an expression of quantity just use *de*. When a plural noun is preceded by an adjective, *des* becomes *de*.

boîtes, mais à la campagne il n'y a pas _____ distractions pour les jeunes. Il n'y a pas _____ travail non plus. Beaucoup _____ jeunes quittent leur village pour faire _____ études et après ils trouvent _____ travail en ville. Ils gagnent plus _____ argent et ils ont moins _____ problèmes que leurs parents. S'ils ont _____ bonnes qualifications, ils n'ont pas _____ grandes difficultés à obtenir un poste ailleurs.

Possessive adjectives

E1 p37 E1 Grammar: 1.6, p147

Reminder

◆ Possessive adjectives (*mon, ma, mes, ton, ta, tes*, etc) agree with the noun which follows them. But in front of a feminine noun starting with a vowel, use *mon, ton, son* instead of *ma, ta, sa*.

E Circle the correct possessive form.

1 Il travaille pour son / sa / ses mère.
2 Nous parlons de notre / nos parents.
3 Ils sont fiers de leur / leurs culture.
4 Je téléphone à mon / ma / mes amie.
5 Elle sort avec son / sa / ses copain.

F Translate these phrases into French.

1 my opinion _____
2 her father _____
3 your friends _____
4 his life _____
5 our government _____

G Complete the sentences with the correct form of the appropriate possessive adjective each time.

1 Sur _____ blog, Grégory critique souvent _____ lycée et _____ profs. Même

_____ petite amie se fait des soucis au sujet de _____ attitude et de _____ façon de s'exprimer. _____ parents désespèrent de _____ fils.

2 Beaucoup de jeunes ne se séparent jamais de _____ portable. Ils téléphonent à _____ amis pendant la nuit, ils écoutent _____ musique préférée partout et ils regardent _____ photos à toute heure.

3 Mon frère utilise _____ portable surtout pour communiquer avec _____ copains. Moi, j'utilise _____ mobile pour écouter _____ musique. Et nous utilisons tous les deux _____ portables pour demander à _____ parents de venir nous chercher le soir. Pour nous, _____ mobile fait partie de _____ vie quotidienne.

Adjectives and adverbs

Agreement of adjectives

E1 p23
E1 Grammar: 2.1, p148

> ### Reminder
> - In French adjectives have different endings depending on whether the words they describe are masculine or feminine, singular or plural.

A In each of these sentences underline the adjective(s) and circle the ending(s). Circle the noun each adjective describes. Note at the end of the sentence whether the noun is masculine or feminine, singular or plural.

1 Le choix d'un partenaire est important.
_____

2 Ma copine idéale est intelligente. _____

3 Mon père et moi, nous sommes très têtus.
_____

4 Beaucoup de jeunes ont de bonnes relations avec leurs parents._____

5 Pour mes parents, la vie familiale est d'une grande importance. _____

B Circle the correct adjective in each sentence.

1 Ma soeur est très ambitieux / ambitieuse.

2 Le comportement de mes parents est souvent égoïste / égoïstes.

3 Mon frère veut mener une vie indépendant / indépendante.

4 Pour les familles catholique / catholiques, le mariage reste important / importantes.

C Complete the following passage with the correct forms of the adjectives in the box. The adjectives are given in the right order.

Mes parents sont souvent _____ et quand je les vois, ils sont _____. Mais ma grand-mère est _____. Elle est toujours _____ et _____. Elle lave mes vêtements _____, elle écoute mes problèmes _____ et elle me raconte des histoires _____ de sa jeunesse. C'est ma _____ copine!

> absent stressé différent souriant patient sale
> personnel passionnant meilleur

> ### Reminder
> - Some common adjectives have irregular feminine and plural forms in French.

D Complete the list with the feminine forms of the adjectives.

1 un vieux livre une _____ femme
2 un bon vin une _____ expérience
3 du pain frais des baguettes _____
4 un château ancien une maison _____
5 un beau jour une _____ cérémonie
6 un homme ambitieux une femme _____
7 un élève sportif une élève _____
8 le nouveau président la _____ mairie
9 le Mont Blanc la Maison _____
10 le premier enfant la _____ difficulté

> ### Reminder
> - *Beau*, *nouveau* and *vieux* have a special form (*bel*, *nouvel*, *vieil*) before a vowel or silent 'h'.

E Complete the following passage, choosing a suitable adjective from the box for each gap and adding agreements if necessary. The adjectives are given in the right order.

Pour les femmes _____ aujourd'hui, le mariage est moins _____ que pour la génération _____. Elles obtiennent de _____ qualifications et choisissent une carrière _____. Elles sont souvent _____ et elles sont _____ de vivre _____. La famille _____ évolue. De nos jours, un _____ père accepte les responsabilités _____ et joue un rôle plus _____. La _____ famille est moins _____, plus _____, mieux _____ à la vie _____.

> français important précédent bon intéressant
> ambitieux heureux seul traditionnel bon familial
> actif nouveau rigide tolérant adapté moderne

Position of adjectives

E1 p23
E1 Grammar: 2.2, p148

Reminder

◆ Most adjectives in French go **after** the noun which they describe.

F Underline the adjectives and translate these phrases into English.

1 une famille unie _____
2 une vue magnifique _____
3 un facteur important _____
4 une question difficile _____
5 des conclusions surprenantes

_____

G Translate these phrases into French.

1 a normal day _____
2 a happy family _____
3 the hardworking teachers _____
4 some important exams _____
5 the loud music _____
6 a generous gift _____
7 a wrong answer _____
8 the timid adolescents _____
9 my sporty friends _____
10 a permanent crisis _____

Reminder

◆ Some adjectives come **before** the noun.

H Complete each of these phrases with a suitable adjective which goes in front of a noun. Remember to make it agree.

1 un g_____ écrivain
2 mes p_____ problèmes
3 les n_____ amis
4 une b_____ piscine
5 les j_____ vêtements
6 une e_____ idée
7 mes c_____ parents
8 une v_____ histoire
9 un j_____ politicien
10 une m_____ expérience

Reminder

◆ Some adjectives have a different meaning depending on whether they come before or after the noun. These include the following:
ancien, cher, dernier, grand, pauvre, propre.

I Translate these phrases into French.

1 a former teacher _____
2 an old teacher _____
3 my dear aunt _____
4 an expensive car _____
5 my poor brother (sympathy) _____
6 poor people (no money) _____
7 a great actress _____
8 a tall actor _____
9 the last bus (last of a series) _____
10 last year (the one before this) _____
11 my own computer _____
12 clean clothes _____

Reminder

◆ When there is more than one adjective describing a noun, each goes in its usual place.

J Choose two adjectives to describe each of the following nouns, one which goes in front and one which follows. Then complete the phrases.

1 un _____ village _____
2 une _____ maison _____
3 les _____ familles _____
4 les _____ partenaires _____
5 un _____ ami _____
6 une _____ copine _____
7 un _____ lycée _____
8 les _____ devoirs _____
9 une _____ mère _____
10 les _____ personnes _____

Adjectives and adverbs

Comparative and superlative adjectives

E1 p25
E1 Grammar: 4.1, 4.2, p149

Reminder

◆ To compare two things, use *plus*, *moins* or *aussi… que*.

A Fill in the most appropriate word: *plus*, *moins* or *aussi*.

1 La cocaïne est _____ dangereuse que la marijuana.
2 Le café est _____ nocif que la nicotine.
3 Les végétariens sont _____ nombreux en France qu'en Angleterre.
4 Un jus de fruits est _____ sain qu'une pomme.

Reminder

◆ The adjective in a comparative sentence agrees with the noun it relates to.

B In exercise A above, circle the endings on the adjectives. Then write a sentence following the same pattern for each of the following groups of words.

1 le tabac, le cannabis, dangereux

_____

2 les fumeurs, les drogués, malade

_____

3 la natation, le ski, populaire

_____

4 le football, le snooker, passionnant

_____

5 le fast-food, un repas traditionnel, sain

_____

Reminder

◆ Some comparative forms are irregular.
(*bon → meilleur*; *mauvais → pire*)

C Underline the appropriate word to complete these sentences.

1 Une banane est meilleure / pire pour la santé qu'une glace.
2 Les frites sont meilleures / pires pour la forme que la salade.
3 Les sportifs sont en meilleure / pire forme que les inactifs.
4 Les fumeurs sont en meilleure / pire santé que les non-fumeurs.
5 Les restaurants sont meilleurs / pires en France qu'en Angleterre.

Reminder

◆ To say 'the most' or 'the least' use *le*, *la*, *les* with *plus* or *moins* and an adjective.

D Complete these sentences with *le*, *la*, *les* and *plus* or *moins* to form the superlative of the adjective. Then translate the sentences into English.

1 Le mont Blanc est la montagne _____ haute d'Europe.

_____

2 Le cancer est le problème _____ grave aujourd'hui.

_____

3 La retraite est le sujet _____ intéressant pour les jeunes.

_____

4 Le tabagisme est le problème _____ difficile à résoudre.

_____

5 L'anorexie est le danger _____ pressant pour les filles.

_____

Reminder

◆ The adjective agrees with the noun which comes immediately before it.

E Underline the correct form of the adjective in each of these phrases.

1 la musique la plus populaire / populaires
2 les produits les plus chers / chères
3 les émissions les plus intéressants / intéressantes
4 la publicité la plus réussi / réussie
5 le film le plus violent / violente

More determiners: demonstrative and indefinite adjectives

E1 p52
E1 Grammar: 1.5 1.7, p147

Reminder

◆ Use *ce*, *cet*, *cette* or *ces* to say 'this', 'that', 'these' or 'those'.

A Complete the following with the correct form of the demonstrative adjective.

1 _____ région   4 _____ étudiante
2 _____ lycée   5 _____ problèmes
3 _____ examen   6 _____ hôtel

Reminder

◆ To distinguish between 'this' and 'that' you can use *-ci* or *-là* after the noun.

B Translate into French.

1 this problem _____
2 that point of view _____
3 these questions _____
4 those people _____
5 these reforms _____

C Complete the commentary below given by a tour guide, filling in the gaps with *ce*, *cet*, *cette* or *ces*.

Dans _____ vieille ville, il y a beaucoup de choses à admirer. Regardez _____ joli parc, _____ beaux arbres et _____ petit lac. _____ après-midi, nous vous proposons une promenade en bateau sur _____ rivière-là. _____ hôtel date du 17e siècle, et _____ maisons-là sont du 16e siècle. On accède au port par _____ rue-ci, et _____ grand boulevard-là mène au château.

D On a separate sheet of paper, write your own script for a guided tour of your school. Use as many demonstrative adjectives as possible.

Reminder

◆ The French word for 'all' is *tout*. It changes according to whether the noun it refers to is masculine or feminine, singular or plural.

E In each of the following sentences, underline the form of *tout* used, and circle the noun it refers to.

Note at the side whether it is masculine or feminine, singular or plural.

1 J'ai travaillé toute la journée.   m/f   sing/pl
2 On passe tout son temps à écrire.   m/f   sing/pl
3 L'éducation est importante pour tous les enfants du monde.   m/f   sing/pl
4 Il est impossible de résoudre tous ces problèmes.   m/f   sing/pl
5 Le professeur nous donne toutes les explications nécessaires.   m/f   sing/pl

F Complete these sentences with the correct form of *tout*.

1 Le mariage de mon frère a été l'occasion de réunir _____ la famille.
2 _____ mes cousins sont venus d'Amérique.
3 Nous étions _____ très heureux.
4 _____ le monde a bu du champagne.

Reminder

◆ Other indefinite adjectives requiring agreements include *autre* (other), *même* (same), *quelque* (some) and *n'importe quel* (any).

G Translate the phrases in bold type into English, on a separate sheet of paper.

1 Les devoirs posent **d'autres problèmes**.
2 En France, c'est **le même système** que chez nous.
3 Les politiciens ont déjà proposé **quelques solutions**.
4 J'ai **quelque chose d'intéressant** à vous raconter.

Reminder

◆ Two indefinite adjectives which do not require agreements are *chaque* (each), which is only used with a singular noun, and *plusieurs* (several), which is only used with a plural noun.

H Translate these phrases into French.

1 every family _____
2 several solutions _____
3 every summer _____
4 several journalists _____

Adjectives and adverbs

Reminder

◆ The French for 'which' or 'what' is
quel/quelle/quels/quelles. It is an adjective, and has to
agree with the noun it describes.

A Complete the questions with the correct form of the
adjective: *quel, quelle, quels* or *quelles*.

1 Tu lis _____ journal?

2 _____ région préfères-tu?

3 Dans _____ métiers voyage-t-on
beaucoup?

4 _____ problèmes as-tu au
lycée?

5 _____ temps fait-il?

6 _____ qualifications avez-vous?

7 _____ sports pratiquez-vous?

8 _____ heure est-il?

9 On mange dans _____
restaurant ce soir?

10 _____ solutions propose-t-on?

Reminder

◆ *Quel, quelle, quels* or *quelles* can also be followed by
the appropriate form of *être* and a noun.

B Complete the questions with the correct form: *quel,
quelle, quels* or *quelles*.

1 _____ est ce problème?

2 _____ est la capitale de
l'Espagne?

3 _____ étaient les causes de la
guerre?

4 _____ sera le plus grand
problème?

5 _____ sont les effets de la
pollution?

C Translate these questions into French.

1 What is your opinion?

_____

2 Which politicians do you admire?

_____

3 What are the advantages of this system?

_____

4 Which country do you prefer?

_____

5 Which destinations are most popular?

_____

Reminder

◆ *Quel, quelle, quels* or *quelles* can also be used with
prepositions.

D Choose a suitable phrase from the box below to
complete the following questions.

1 _____
habitez-vous?

2 _____
commence la réunion?

3 _____
discute-t-on aujourd'hui?

4 _____
pars-tu en vacances?

5 _____
avez-vous lu cela?

6 _____
peut-on combattre la pollution?

7 _____
restez-vous en France?

8 _____
avez-vous changé d'avis?

9 _____
était la voiture?

10 _____
joue-t-il dans l'orchestre?

> avec quels copains   à quelle heure
> dans quelle région   de quels problèmes
> jusqu'à quelle date   dans quel livre
> pour quelles raisons   de quel instrument
> de quelle couleur   par quels moyens

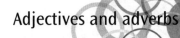

E Write a suitable question using *quel, quelle, quels* or *quelles* to get each of the answers given below. You may or may not need to use a preposition in the question.

Example: *De quelle région venez-vous?*
Je viens de Bretagne.

1 _____

Le train arrive à huit heures.

2 _____

J'ai lu cet article dans le journal régional.

3 _____

J'aime le tennis et la natation.

4 _____

Bruxelles est la capitale de la Belgique.

5 _____

Mon moyen de transport préféré, c'est l'avion.

6 _____

Il y a plusieurs inconvénients.

7 _____

J'ai choisi ce baladeur-ci.

Reminder

♦ Words like *très, assez, peu* can be used to quantify both adjectives and adverbs.

F In the following phrases, underline the adverb which intensifies the meaning and translate the phrases into English.

1 très difficile

_____

2 peu important

_____

3 tout à fait honnête

_____

4 assez compliqué

_____

5 bien frais

_____

6 trop tard

_____

7 beaucoup plus vite

_____

8 extrêmement dangereux

_____

9 particulièrement intéressant

_____

10 de plus en plus souvent

_____

11 de moins en moins enthousiaste

_____

12 vraiment désolé

_____

13 complètement confus

_____

14 absolument nécessaire

_____

15 d'autant plus grave

_____

G Choose a suitable phrase from those in exercise F to complete each of the following sentences. Remember to add agreements if necessary.

1 Mon professeur n'est pas

_____

2 Pour le gouvernement, cette question est

_____

3 L'abus de la drogue peut être

_____

4 On discute de ce problème

_____

5 Même les experts sont

_____

H Write sentences in French to include eight other phrases from exercise F.

1 _____
2 _____
3 _____
4 _____
5 _____
6 _____
7 _____
8 _____

I Translate these sentences into French.

1 Parents are all the more confused.

_____

2 Politicians have acted too late.

_____

3 Qualifications are particularly important.

_____

4 Society is much more tolerant today.

_____

5 Parents are much less strict than before.

_____

Adjectives and adverbs

Adverbs

Reminder

◆ Adverbs are used to describe a verb, an adjective or another adverb. English adverbs usually end in -ly. French adverbs are normally formed by adding -ment to the feminine form of the adjective.

A Write the adverb corresponding to each of these adjectives, and give its English meaning in brackets.

1 heureux _____
(_____)

2 franc _____
(_____)

3 doux _____
(_____)

4 lent _____
(_____)

5 sérieux _____
(_____)

Reminder

◆ If the masculine adjective ends in a vowel, form the adverb by adding -ment to the masculine form.

B Write the adverb corresponding to each of these adjectives, and give its English meaning in brackets.

1 facile _____
(_____)

2 rapide _____
(_____)

3 tranquille _____
(_____)

4 vrai _____
(_____)

5 poli _____
(_____)

Reminder

◆ Some adjectives change their final -e to -é before adding -ment.

C Complete the sentences with the adverb corresponding to the adjective given in brackets.

1 Je l'apprécie _____. (*énorme*)

2 Je l'aime _____. (*immense*)

3 Il a répondu _____. (*confus*)

4 Pouvez-vous l'expliquer plus _____. (*précis*)

5 Nous avons été _____. choqués. (*profond*)

Reminder

◆ Some adjectives change their final -ent/ant to: -emment/amment to form an adverb.

D Complete the sentences with the adverb corresponding to the adjective given in brackets.

1 Il agit _____ (*prudent*)

2 Elle a réussi _____ (*brillant*)

3 Mon frère mange _____ (*constant*)

4 Il s'exprime _____ en français. (*courant*)

5 Nous allons _____ au Japon. (*fréquent*)

E Fill in the missing adverbs in these sentences. All of them are from exercises A, B, C and D.

1 Il parle c_____ trois langues étrangères.

2 F_____, je ne peux pas continuer.

3 J'ai mal à la tête, parlez d_____ s'il vous plaît.

4 Elle dépense son argent p_____.

5 Il fait ses devoirs s_____.

6 Elle ne fait pas attention en classe, elle bavarde c_____.

7 Mon frère a grandi é_____ depuis l'année dernière.

8 Je suis étranger; parlez l_____, s'il vous plaît.

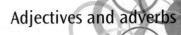

Reminder

◆ Common irregular adverbs include *vite*, *bien*, *mal*, *gentiment*, *assez* and *trop*.

F Fill in the missing adverbs.

1 C'est un bon pianiste; il joue
_____.

2 C'est une mauvaise chanteuse; elle chante
_____.

3 C'est un gentil professeur; il nous parle
_____.

4 C'est une voiture rapide; elle va
_____.

5 Cinq croissants! Arrête, tu as
_____ mangé!

6 Il est fatigué parce qu'il a
_____ travaillé.

Reminder

◆ Adverbs form the comparative with *plus*, *moins* or *aussi … que*. The only irregular forms are *mieux* (better) and *pire* (worse).

G Choose an adverb from the box to complete each of these sentences.

1 Les Anglais parlent moins
_____ que les Français.

2 On apprend plus _____ le football que le ski.

3 J'ai _____ dormi cette nuit à cause de la chaleur.

4 Les autres élèves ont _____ compris que moi.

5 Pouvez-vous m'expliquer les détails plus
_____ ?

6 Je vais plus _____ au cinéma qu'au théâtre.

> facilement mal vite précisément
> mieux fréquemment

Reminder

◆ Adverbs form the superlative with *le plus* or *le moins*. No agreements are needed. The only irregular forms are *le mieux* (the best) and *le pire* (the worst).

H Complete the superlative sentences.

1 Les hommes conduisent moins bien que les femmes.
Mais ce sont les jeunes qui conduisent
_____ .

2 Les Anglais partent à l'étranger moins fréquemment que les Allemands.
Ce sont les Français qui partent
_____ .

3 J'aime les séries mieux que les documentaires.
Mais ce sont les films que j'aime
_____ .

4 Je bronze moins facilement que ma copine.
Mais c'est ma mère qui bronze
_____ .

5 André travaille plus sérieusement que Martine au lycée.
Mais c'est Sophie qui travaille
_____ .

6 Je joue au rugby mieux que mon petit frère.
Mais c'est mon copain Alex qui joue
_____ .

Reminder

◆ *Comment* (how) and *combien* (how many) are used in questions.

I Complete the holiday questionnaire with *comment* or *combien* as appropriate.

1 _____ de temps avez-vous passé ici?

2 _____ avez-vous choisi cette destination?

3 _____ avez-vous trouvé l'hôtel?

4 _____ de fois avez-vous mangé au restaurant?

5 A votre avis, _____ était le rapport qualité-prix?

Revision: nouns, determiners, adjectives, adverbs

A Underline the noun in each list which has a different gender to the others.

1 château racisme natation marché spectacle
2 solitude plage société fumée lycée
3 équipe silence match coureur salon
4 habitant maire citoyen conseil ville
5 voiture camion train vélo embouteillage

B Complete this paragraph using singular or plural forms of the nouns in the box as appropriate.

Les _____ en _____ étrangères
dans nos _____ ont souvent de bonnes
_____ de la _____ aussi. Ils
lisent les _____ du _____ et ils
écoutent souvent les _____ à la
_____. Aux _____ de juillet et
d'août, ils partent souvent en _____ à l'
_____, où ils cherchent un
_____ dans un _____ ou sur un
_____ , où les _____
britanniques ont souvent besoin d'un _____ .

> émission étudiant connaissance pays mois
> camping vacances langue poste université
> hôtel culture touriste journal radio
> interprète étranger

C Complete these sentences with *le/la/les/un/une/ des/du/de l'/de la/de/d'* or no article, as appropriate.

1 Après l'école, je voudrais devenir _____ avocat.
2 _____ Anglais apprécient beaucoup _____ cuisine française et _____ bons vins.
3 _____ ville d'Avignon possède _____ beaux monuments.
4 Si j'obtiens _____ permis de conduire, je veux acheter _____ voiture.
5 Selon la météo, il y aura _____ pluie et peut-être _____ orages avec _____ fortes tempêtes pendant _____ nuit.
6 Beaucoup _____ musées sont fermés à cause de _____ grève.
7 J'ai vu _____ reportage sur _____ chômage chez _____ jeunes à _____ télévision.
8 On va acheter _____ pâté et _____ poulet rôti pour _____ déjeuner.
9 Comme _____ dessert, on mangera _____ fruits.
10 Mélanie a acheté _____ kilo _____ abricots ce matin et _____ belles pêches à cinquante cents _____ pièce.

D Translate these phrases into French.

1 her neighbours and their enormous house
_____

2 our village and its former inhabitants
_____

3 my life and my current situation
_____

4 your region and its ancient castles
_____

5 his sister and her father
_____

E Translate the following sentences into French.

1 His aunt is a scientist and her son wants to become a doctor.
_____
_____

2 Young people don't often discuss politics at home.
_____
_____

3 We have made excellent progress this year.
_____
_____

4 Tourists always like English tea, but I prefer French coffee.
_____
_____

5 Drugs and alcohol cause a lot of problems in our society.
_____
_____

6 This airport will be very important for the region's economy.
_____
_____

7 Have you any information about this writer?
_____
_____

8 I remember those students, but I've forgotten their teacher's name.
_____
_____

9 Politicians in this country don't have time to go on holiday.

_____

_____

10 This wine is better than that wine and it's less expensive.

_____

_____

F Rewrite the following sentences including the adjectives given in brackets after each one. Think carefully about the position and agreement of the adjectives.

1 Les femmes désirent avoir une carrière.
(*ambitieux, bon, intéressant*)

_____

_____

2 L'homme à la barbe est tombé dans la rue.
(*vieux, blanc, principal*)

_____

_____

3 Mon frère s'est cassé la jambe.
(*pauvre, maladroit, droit*)

_____

_____

4 Ma copine est partie trop tard et a raté le bus.
(*nouveau, français, dernier*)

_____

_____

5 La secrétaire de mon amie est devenue skieuse.
(*ancien, meilleur, professionnel*)

_____

_____

6 Les pères acceptent les responsabilités avec plaisir.
(*jeune, moderne, nouveau, familial, grand*)

_____

_____

G Rewrite these sentences to include an appropriate adverb formed from one of the adjectives in the box.

1 La grammaire française s'apprend _____.
2 Ce gâteau est _____ délicieux!
3 Les Suisses parlent plus _____ que les Français.
4 Regarde ce baladeur-là; c'est _____ ce que je cherche.
5 Il a investi son argent très _____.
6 Je vais à Paris chaque semaine; j'y vais donc

_____.

7 Ce disque est affreux; le groupe chante

_____.

8 Le gendarme a parlé _____ avec l'enfant perdu.
9 Ne faites pas trop de bruit; parlez

_____.

10 Le motocycliste a eu de la chance, mais il était _____ blessé dans l'accident.

> lent gentil facile prudent doux mauvais
> vrai léger précis fréquent

H Translate these sentences into French.

1 Few people know that vegetarianism is more popular here than in Germany.

_____

_____

2 All the surveys indicate that smokers are less healthy than non-smokers.

_____

_____

3 Several friends have told me that hospitals are better in France than in England.

_____

_____

4 For some people alcohol is as dangerous as tobacco.

_____

_____

5 Doctors say more and more often that fish is healthier than meat.

_____

_____

6 Every government would like to help the poorest people.

_____

_____

7 Which political party will you vote for?

_____

_____

8 What are the most shocking statistics this year?

_____

_____

9 I eat chips and fast food less and less often.

_____

_____

10 This question is all the more important for young people.

_____

_____

Prepositions, conjunctions and pronouns

Prepositions: *à, de, en*

E1 p47
E1 Grammar: 5.1, 5.2, 5.3, p150

Reminder

◆ In French you do not always use the same preposition as in English.

A Study the following sentences and translate the phrases in bold into English.

1 Le travail commence **à huit heures du matin**.
_____

2 Je vais **à Bordeaux en bus**.
_____

3 J'habite **à la campagne** mais mon bureau est **en ville**.
_____

4 Mon village est **à quinze kilomètres de la ville**.
_____

5 Je travaille **de neuf heures à cinq heures**.
_____

6 **A midi**, je vais **à la piscine** pour rester **en forme**.
_____

7 **En été**, mon chef part **en vacances en Espagne**.
_____

8 Ma collègue part **en même temps aux Pays-Bas**.
_____

B Choose the correct preposition (*à, de* or *en*) to complete the following sentences.

1 _____ hiver, nous partons toujours _____ famille _____ France.

2 On passe les vacances _____ Noël dans l'appartement _____ ma tante dans une station _____ ski.

3 Le train arrive _____ cinq heures _____ Moûtiers.

4 On part _____ taxi, et _____ une heure on est dans l'appartement.

5 La résidence est _____ cinq minutes du supermarché, donc on y va _____ pied.

6 _____ Noël, il y a beaucoup de skieurs anglais _____ Méribel.

7 Il y a de beaux chalets _____ bois et _____ pierre, et au cinéma il y a des films _____ anglais.

C Fill in these gaps with *à, de* or *en*.

_____ février, nous partons _____ Nice _____ avion. Il y a beaucoup _____

soleil, même _____ hiver. Notre villa se trouve _____ cinquante mètres _____ la plage et _____ midi, on mange souvent _____ terrasse.

Reminder

◆ *à* and *de* may change when they are followed by a definite article.

| à+le>**au** | à+la>**à la** | à+l'>**à l'** | à+les>**aux** |
| de+le>**du** | de+la>**de la** | de+l'>**de l'** | de+les>**des** |

D Complete these sentences with the correct form of à (*au, à la, à l', aux*).

1 Les touristes partent _____ étranger _____ recherche du soleil.

2 Pendant la journée, ils bronzent _____ plage ou ils jouent _____ volley ou _____ pétanque.

3 Le soir ils mangent _____ restaurant et les jeunes vont _____ discothèque.

4 On rentre _____ maison bien détendu.

E Complete these sentences with the correct form of *de* (*du, de la, de l', des, de*).

1 Le collègue _____ mon père vient _____ Marseille.

2 Il parle souvent _____ mer, _____ port et _____ gens _____ pays.

3 C'est un musicien qui joue _____ piano et _____ violon dans l'orchestre _____ ville.

4 Il est très fier _____ sa mère, qui est directrice _____ école _____ musique.

F Complete this account of Martine's different jobs by filling in the appropriate form of *à, de* or *en*.

_____ 2001, j'ai eu plusieurs petits boulots. Pendant les vacances _____ Pâques, j'ai travaillé _____ cinéma _____ ville. En général, j'étais _____ caisse, mais j'ai quelquefois travaillé _____ bar. J'ai travaillé _____ trois heures _____ après-midi

18 Copyright OUP: photocopying prohibited

_____ onze heures _____ soir. Pour rentrer _____ maison, j'ai pris la voiture _____ mon père. _____ mai, j'ai eu un poste _____ hôtel Ibis _____ cinq kilomètres _____ chez moi. J'ai donné des renseignements _____ anglais et _____ allemand _____ touristes étrangers. J'étais _____

réception ou _____ bar _____ matin _____ soir. _____ juillet, j'ai travaillé _____ bureau _____ mon oncle _____ centre-ville. C'était bien, j'ai pu téléphoner _____ copains et aller _____ magasins _____ midi. _____ mois _____ août, je suis enfin partie _____ vacances!

Conjunctions

E1 Grammar: 5.6, p151

Reminder

♦ Conjunctions are linking words.

A Choose a suitable ending for each sentence. Underline the conjunction each time and write its English meaning in the brackets.
1 C'est une ville touristique, (_therefore_)
2 Mon frère m'agace souvent, (_____) [d]
3 Elle fait son bac (_____)
4 Les étudiants se plaignent (_____)
5 J'ai un téléphone portable (_____)
6 Mes parents me grondent (_____)
7 As-tu envie de jouer au tennis (_____)
8 J'habite toujours chez mes parents (_____)
a puis elle compte aller à l'université.
b quand je rentre trop tard.
c ou préfères-tu aller au cinéma?
d <u>donc</u> il y a beaucoup d'hôtels.
e pourtant je l'aime bien.
f alors je peux parler librement avec mes amis.
g mais je préférerais vivre seul.
h parce que les professeurs ne les écoutent pas.

B Check the meanings of the conjunctions in the box then choose a suitable one to complete the following sentences.
1 J'espère obtenir de bonnes notes _____ je devrai redoubler.
2 Nous avons tous fait des progrès en anglais _____ le nouveau prof est arrivé.
3 On a remarqué qu'il était dynamique _____ il est entré dans la salle de classe.
4 Tout le monde a bien travaillé _____ il était très sympa.
5 _____ il était sévère si nous ne nous concentrions pas.

| car cependant sinon dès que depuis que |

C On a separate sheet of paper, link the following pairs of sentences using a conjunction from those you have used in activities A and B.
1 Pascal ne fume pas. Il fait beaucoup de sport.
2 Il boit du vin de temps en temps. Il n'a jamais trop bu.
3 Il mange beaucoup de fruits. Il veut rester en forme.
4 Il fait du jogging chaque matin. Sa famille prend le petit déjeuner.
5 Il va au lycée à vélo. Il s'entraîne sérieusement.
6 Il va à la piscine quatre fois par semaine. On lui a dit que la natation développe les muscles.
7 Ses parents sont sportifs. Sa sœur est très paresseuse.

D Translate into English on a separate sheet of paper.
1 I would like to become a doctor; however I know it's difficult.
2 As soon as he smoked his first cigarette the problems started.
3 While her friends were watching television she did her homework.
4 Many young people become vegetarians because they love animals.
5 He has not got much money as he doesn't have a job.
6 I hope I'll be able to go to America this summer; if not I'll be very disappointed.
7 The government must find a solution as this problem concerns us all.

Prepositions

E1 p47
Grammar: 5.1–5.5, pp150–151

Reminder

◆ Some prepositions tell you the position of something.

A Choose suitable prepositions from the box below to complete these directions.

1 Le bureau de l'entreprise se trouve _____ l'église, _____ une boulangerie et un supermarché. (opposite, between)

2 Il est interdit de stationner _____ la rue. (in)

3 Mais il y a un petit parking _____ le supermarché. (behind)

4 N'attendez pas _____ la porte; sonnez et entrez. (in front of)

5 _____ une étagère _____ la fenêtre vous verrez un paquet, et _____ le paquet vous trouverez la lettre. (on, next to, under)

> devant   derrière   dans   entre   sur   sous
> à côté de   en face de

Reminder

◆ Some prepositions tell you when something happens.

B Choose suitable prepositions from the box to complete André's desciption of his job.

1 Je travaille dans un supermarché _____ deux ans.

2 _____ les vacances, je travaille tous les jours.

3 Le travail et les collègues m'ont plu _____ le premier jour.

4 Mais _____ l'arrivée du nouveau manager, l'atmosphère n'est pas très bonne.

5 Je pense que je vais arrêter _____ mes examens, car il me faut du temps pour réviser.

6 Je continuerai _____ la fin du mois.

> avant   après   depuis   dès   pendant   jusqu'à

C Translate these phrases into French.

1 before midday _____

2 in front of the station _____

3 right from the start _____

4 during the night _____

5 after the war _____

Reminder

◆ Other prepositions include:

> *avec   chez   sans   sauf   selon   parmi   par   pour   vers   comme*

D Underline the prepositional phrases in these sentences. Then translate the sentences into English on a separate piece of paper.

1 Selon son frère, Joseph a un nouveau poste comme ingénieur chez Renault.

2 Il travaille près de Lille depuis trois semaines; il a commencé vers la fin mai.

3 Il est parti sans sa famille et il loue une chambre chez une vieille dame.

4 Il y a plusieurs Anglais parmi ses collègues.

5 Il s'entend bien avec tous les Britanniques sauf un; c'est un Londonien qui est détesté par tout le monde.

6 Joseph compte rester à Lille pour deux ans, comme la plupart de ses collègues.

E Complete the following sentences by adding at least two suitable phrases with prepositions to each one. Use different phrases each time.

1 Mon frère veut travailler _____

2 Mon père a un poste _____

3 Ma mère travaille _____

4 Ma sœur a été interviewée _____

5 En général, les jeunes préfèrent travailler _____

Reminder

◆ French often uses different prepositions from English.

F Choose a French phrase from the box to translate each of the following phrases.

1 on the first floor _____
2 above all _____
3 among young people _____
4 on the train _____
5 in a few days' time _____
6 from time to time _____
7 in safety _____
8 between ourselves _____
9 up to now _____
10 three times a day _____
11 up to the age of eighteen _____
12 before my eyes _____
13 below average _____
14 above average _____
15 in my opinion _____
16 unemployed _____
17 nowadays _____
18 on the way to school _____
19 at the weekend _____
20 in the evening _____

> dans le train   sous mes yeux   le soir
> de temps en temps   au premier étage   avant tout
> au chômage   au-dessus de la moyenne   entre nous
> de nos jours   en sûreté   en route pour l'école
> jusqu'à présent   chez les jeunes   à mon avis
> au-dessous de la moyenne   trois fois par jour
> dans quelques jours   le week-end
> jusqu'à l'âge de 18 ans

G Use your answers to exercise F to translate the following phrases into French.

1 on the fifth floor _____
2 in a week's time _____
3 among politicians _____
4 twice a month _____
5 until 2 o'clock _____
6 between friends _____
7 on the plane _____
8 in anger _____

H Complete the interview with Alain about unemployment, filling in the correct prepositions.

«Alain, vous êtes toujours _____ emploi? »
«Oui, je suis _____ chômage _____ l'âge _____ seize ans. _____ revenu fixe, je ne peux pas me payer un appartement, donc j'habite toujours _____ mes parents. Je sors une fois _____ semaine _____ mes copains. Ils sont tous _____ emploi, _____ David, qui travaille six heures _____ jour _____ Carrefour. »
«Y a-t-il une solution _____ problème? »
« _____ mon avis, le gouvernement devrait créer avant tout plus d'emplois _____ les jeunes. _____ six mois, il y aura des élections, et _____ les médias, le chômage sera une question importante. _____ présent, les politiciens n'ont rien fait _____ nous. »

I Translate the following sentences into French, thinking carefully about which prepositions to use each time.

1 In August I am starting a new job in Arles in Provence.
_____
_____

2 I am leaving for Arles in a week's time.
_____
_____

3 For me, working abroad is quite normal.
_____
_____

4 Until the age of ten I lived in Belgium and I understand French without difficulty.
_____
_____

5 In the holidays I often go to France and I talk to French people a lot.
_____
_____

6 In my opinion, my French is above average.
_____
_____

7 Nowadays we all work too much.
_____
_____

8 People work on the bus or on the train on their way to work.
_____
_____

Personal and reflexive pronouns

E1 Grammar: 6.1, 6.4, pp152–153

Reminder

- The subject pronouns are *je*, *tu*, *il*, *elle*, *on*, *nous*, *vous*, *ils*, *elles*.
- *Tu* is the friendly, informal word for 'you', used to address a child, a friend or a relative. *Vous* is the more formal word for 'you', used to address a stranger or someone older. *Vous* is also used to address more than one person.

A Write beside each of these people whether you should call them *tu* or *vous*.

1 le petit frère de votre correspondant _____
2 la mère de votre correspondante _____
3 la réceptionniste à l'hôtel _____
4 un groupe d'enfants qui font trop de bruit _____

Reminder

- *Il* means 'he' and *elle* means 'she'. To say 'it', use *il* for masculine words and *elle* for feminine words. To say 'they', use *ils* for all-masculine and for mixed groups, *elles* for all-feminine groups.

B Fill in the correct pronoun each time: *il/elle/ils/elles*.

1 Ma profession? _____ est très exigeante.
2 Les mères de famille? Mais _____ devraient rester au foyer!
3 Je ne prends pas ce train-là, _____ arrive toujours en retard.
4 On ne voit pas souvent les grands-parents, car _____ habitent loin d'ici.

Reminder

- *On* can mean 'you', 'we', 'they' or 'one'. It is followed by the same form of the verb as *il/elle*.

C Translate into French using on on a separate piece of paper.

1 Nowadays we talk a lot about working mothers.
2 They say that mothers want to work.
3 But one doesn't know if that's true.
4 You don't have to stop work if you have a child.
5 They should create more nurseries.

Reminder

- Reflexive pronouns are used to form reflexive verbs.

je me/m'	myself	nous nous	ourselves
tu te/t'	yourself	vous vous	yourself, yourselves
il se/s'	himself, itself	ils se/s'	themselves
elle se/s'	herself, itself	elles se/s'	themselves

D Fill in the reflexive pronouns in Christelle's description of her working day.

1 Je _____ habitue maintenant au travail à l'aéroport.
2 On _____ lève très tôt, et il faut _____ laver et _____ habiller très vite.
3 Mes collègues _____ plaignent souvent de l'horaire.
4 Je préfère _____ taire, mais j'avoue que je _____ sens toujours fatiguée.
5 Pendant la journée, nous _____ occupons des voyageurs.
6 Il y en a toujours qui _____ inquiètent parce qu'ils ont perdu quelque chose.
7 Dans ce poste, on ne _____ ennuie jamais.
8 Le soir, mon copain et moi, nous _____ retrouvons au café.
9 On _____ amuse bien, mais je dois _____ coucher assez tôt.
10 Je _____ endors toujours sans difficulté.

E Translate into French.

1 he gets up _____
2 they get dressed _____
3 I get washed _____
4 they feel _____
5 we enjoy ourselves _____

Reminder

- When you use a negative with a reflexive verb, *ne* goes **in front of** the reflexive pronoun and *pas* goes **after** the verb.

F Put verbs 1–5 from exercise E above into the negative on a separate piece of paper.

Direct object pronouns

Grammar: 6.2, p152

Reminder

◆ A direct object pronoun replaces a noun that is the object of a verb. The French direct object pronouns are: *me* (me), *te* (you), *le* (him,it), *la* (her,it), *nous* (us), *vous* (you), *les* (them). Direct object pronouns in French go **in front of** *the* verb.

A Underline the direct object pronoun in each sentence and translate it into English.

1 il me regarde _____

2 je t'aime _____

3 elle le connaît _____

4 nous la voyons _____

5 ils nous admirent _____

6 elle vous quitte _____

7 je les prends _____

B Fill in the gaps with the appropriate direct object pronoun.

1 Où est Sophie? Tu _____ vois?

2 Il travaille souvent avec mon père. Il _____ aime bien.

3 Tes clés? Mais tu _____ as à la main!

4 Ecris-moi vite, je suis impatient de _____ lire.

5 Le patron du café _____ connaît bien, mes copains et moi.

6 Je _____ assure, madame, que je n'ai pas pris votre place.

Reminder

◆ When you use a negative, *ne* goes **in front of** the pronoun.

C Write negative answers to the questions in French, using direct object pronouns to avoid repeating the nouns in bold.

Example: *Vous comprenez **le français?***
*Non, je ne **le** comprends pas.*

1 Vous avez **les billets**?
Non, _____

2 Il attend **sa copine**?
Non, _____

3 Vous écoutez **les informations**?
Non, _____

4 Tu achètes **ce portable**?
Non, _____

Reminder

◆ Direct object pronouns can also be used with *voici* and *voilà*:
| *me voici* | *here I am* |
| *les voilà* | *there they are* |

D Translate into French.

1 Here we are. _____

2 There she is. _____

3 Here it is. (f) _____

4 There you are. _____

Reminder

◆ In the perfect tense, direct object pronouns go in front of the auxiliary (*avoir* or *être*) part of the verb. The past participle agrees with the direct object pronoun by adding -/e/s/es.

E A supermodel is talking about herself. Complete the description, filling in the missing direct object pronouns and adding agreements where necessary.

«Alors ce pull-over en soie, je _____ai acheté_____ à Londres, et puis ma veste, je _____ ai eu_____ à Noël. Vous aimez mes lunettes? Gérard _____ a trouvé_____ dans une petite boutique à Milan. J'adore ces chaussures violettes; mes sœurs _____ ont acheté _____ à New York.»

Reminder

◆ When there are two verbs in a sentence, direct object pronouns go in front of the infinitive: *Elle vient me voir.*

F Write out the following sentences on a separate piece of paper replacing the noun **in bold** with a pronoun.

1 Nabila est allée voir **son chef**.

2 Elle voulait quitter **la région parisienne**.

3 Elle a essayé d'expliquer **sa situation**.

4 Elle ne pouvait pas payer **le loyer**.

5 Elle espérait emmener **ses enfants** en Bretagne.

Indirect object pronouns

E1 Grammar: 6.3, p152

Reminder

♦ An indirect object pronoun replaces a noun (usually a person) that is linked to the verb by a preposition, usually *à* (to).

♦ The French indirect object pronouns are *me* 'to me', *te* 'to you', *lui* 'to him', 'to her', *nous* 'to us', *vous* 'to you', *leur* 'to them'.

A Underline the indirect object pronouns in the following sentences. Translate the phrases in bold into English on a separate piece of paper.

A Noël, il y a toujours des cadeaux. Cette année, **mes parents m'ont offert un lecteur de CD** et **je leur ai donné de beaux livres.** Mon frère est très bavard, donc **mon père lui a offert un portable. Ma grand-mère nous a envoyé de l'argent; je lui ai téléphoné et elle m'a parlé** pendant une demi-heure. **Elle m'a dit qu'elle nous écrirait en janvier.** Ma sœur était de mauvaise humeur à Noël: **elle m'a demandé de lui prêter mon Walkman,** mais **je lui ai répondu que non.**

Reminder

♦ Some verbs take an indirect object in both French and English, while some take one in French but not in English.

B Using the sentences in exercise A, complete the list of common verbs followed by an indirect object in French.

1	to give (as a present)	offrir
2	to give	
3	to send	
4	to telephone	
5	to talk	
6	to say, tell	
7	to write	
8	to ask	
9	to lend	
10	to answer, reply	

C Translate these sentences into French.

1 I talked to them yesterday.

_____

2 We asked him why.

_____

3 My friend lent me some money.

_____

4 They phoned us last week.

_____

5 You gave her a present.

_____

6 I told you the truth.

_____

7 She wrote to them on Monday.

_____

Reminder

♦ Some French verbs are followed by an indirect object and *de* + infinitive.

D Rewrite the following sentences replacing the noun in bold with an indirect object pronoun.

1 Le professeur a dit **à Suzanne** de préparer une présentation orale en anglais.

_____

2 Elle a demandé **à ses camarades** de l'aider.

_____

3 Elle a promis **à Jean** de parler lentement.

_____

4 L'assistante anglaise a conseillé **aux élèves** d'écouter la radio anglaise.

_____

E Translate the following sentences into French, using the appropriate form of the verbs in the box. They are all followed by an indirect object and *de* + infinitive.

1 My parents forbid me to go out during the week.

_____

2 They tell me to stay at home and do my homework.

_____

3 Sophie's mother doesn't allow her to watch television.

_____

4 Sylvain's father advises him to go to bed at nine o'clock.

_____

dire   conseiller   défendre   permettre

y and en

Reminder

- ◆ y means 'there' and is used instead of à (or en) and the name of a place. Like all French pronouns, y goes **in front** of the verb.

A Rewrite these sentences replacing the phrase in bold with y and translate them into English on a separate piece of paper.

1 Nous passons les vacances **en France**.

2 On bronze **à la plage**.

3 On mange **au restaurant**.

4 Je vais **à la discothèque** chaque soir.

Reminder

- ◆ y is also used instead of à + noun or à + infinitive after verbs such as penser à or s'attendre à.

B Rewrite these sentences replacing the phrase in bold with y and translate them into English on a separate piece of paper.

1 Je m'intéresse **aux problèmes de santé**.

2 Je pense souvent **à ces problèmes**.

3 Mon frère a renoncé **à manger de la viande**.

4 Il s'attend **à me voir devenir végétarien**.

C Translate these sentences into French using the appropriate form of a verb from the box each time.

1 The government is thinking about it!

2 Young people are interested in it!

3 We're all getting ready for it!

| se préparer à   réfléchir à   s'intéresser à |

Reminder

- ◆ en replaces du/de la/de l'/des + a noun. It can mean 'some', 'any', 'of it' or 'of them'. It goes in front of the verb. In the perfect tense it goes before the 'avoir/être' part of the verb.

D Match the questions and answers.

1 Avez-vous fumé des cigarettes? ☐
2 Avez-vous acheté du cannabis? ☐
3 Avez-vous déjà bu de l'alcool? ☐
4 Buvez-vous beaucoup de café? ☐

a Non, je n'en ai jamais bu.
b Oui, j'en ai fumé beaucoup.
c Non, je n'en ai jamais acheté.
d Oui, j'en bois trop.

E Answer the questions using en to avoid repeating the noun in bold.

1 Faites-vous **du sport**?

2 Avez-vous eu **des devoirs** hier soir?

3 Ton frère, a-t-il déjà mangé **des escargots**?

4 Et les enfants, ont-ils bu assez **de coca**?

Reminder

- ◆ en is also used instead of de + noun after verbs followed by de.

F Translate these sentences into French using the verbs from the box.

1 We laugh about it.

2 Europe is benefiting from it.

3 I suspect so.

4 The government is discussing it.

| discuter de   rire de   profiter de   se douter de |

Position of pronouns

E1 Grammar: 6.7, p153

Reminder

◆ French pronouns go in front of the verb. In a negative sentence, *ne* goes in front of the pronoun(s) and *pas* after the verb: *Je ne l'aime pas.*

A Rewrite the following sentences in the negative.

1 Le directeur nous regarde.

_____

2 Nous lui en parlerons ce soir.

_____

3 Elle y va aujourd'hui.

_____

4 J'en ai trop mangé.

_____

Reminder

◆ If the verb is inverted to form a question, the pronoun stays in front of the verb:

La vois-tu?   Do you see her?

L'as-tu vue?   Did you see her?

B Rewrite these statements as questions and translate the questions into English on a separate piece of paper.

1 Vous l'entendez. _____

2 Tu les connais. _____

3 Il y pense. _____

4 Elle leur a offert un cadeau. _____

5 Vous en parlez. _____

Reminder

◆ When there are two verbs in a sentence, the pronoun(s) go in front of the infinitive:

Je ne peux pas y aller.   I can't go there.

C Rewrite these sentences replacing the phrases in bold with pronouns.

1 Il veut voir **ses voisins**.

_____

2 Nous espérons quitter **la région**.

_____

3 Je ne peux pas parler **à mes parents**.

_____

4 Ils ont envie d'aller **à l'université**.

_____

Reminder

◆ When there are several pronouns in the same sentence, they go in the following order:

me te se nous vous se	le la les	lui leur	y	en

D Rewrite the following sentences replacing the phrases in bold with pronouns. Think carefully about the order of the pronouns.

1 Je prépare **le bac au lycée**.

_____

2 Je veux parler **à mes parents de mes projets futurs**.

_____

3 J'ai l'intention de préparer **le diplôme de traducteur à l'université de Bordeaux**.

_____

4 Mais d'abord, j'espère retrouver **mes amis grecs en Grèce**.

_____

Reminder

◆ In commands, pronouns go after the verb and a hyphen is added:

me becomes *moi*

te becomes *toi*

◆ In negative commands, the pronouns go in front of the verb.

E Complete the chart.

	Positive command	Negative command
	Appelle-les!	Ne les appelle pas!
1	Ecris-lui!	
2	Allez-y!	
3	Mangez-en!	
4		Ne le cherchez pas!
5		Ne me quitte pas!

Emphatic pronouns and relative pronouns

E1 p76
E1 Grammar: 6.8, p154

Reminder

- Emphatic or disjunctive pronouns in French are *moi, toi, lui, elle, nous, vous, eux, elles*. They are used for emphasis.

A Complete each sentence by filling in the correct emphatic pronoun.

1 _____ j'ai déjà travaillé à l'étranger.
2 Mes parents, _____, ont passé un an en Amérique.
3 _____, nous aimons tous voyager.
4 Mais ma copine, _____, n'aime pas du tout ça.
5 Pourtant ses deux sœurs, _____, partent volontiers n'importe où.
6 Et _____, es-tu assez indépendant?

Reminder

- Emphatic pronouns in French are also used after prepositions.

B Translate into French.

1	without me	
2	according to her	
3	after you	
4	with them	
5	at his house	
6	for us	

Reminder

- Emphatic pronouns are also used after *c'est* and *ce sont*.

C Complete the following sentences with *c'est* or *ce sont* and an emphatic pronoun.

1 Le chômage frappe surtout les jeunes.
C_____ _____ qui en souffrent.
2 Moi, je blâme le gouvernement. C_____
_____ qui est responsable.
3 Moi, je blâme les professeurs. C_____
_____ qui n'enseignent pas correctement.
4 Moi, je blâme les mères. C_____ qui
gâtent leurs enfants.

Reminder

- Emphatic pronouns are also used as:
  a one word answer to a question – *moi*!
  in a comparison– *plus timide que moi*
  to show possession – *c'est à moi*.

D Complete the following sentences with the correct emphatic pronouns.

1 Regarde ces garçons-là. Moi, je suis plus sportive qu' _____.
2 Il critique ses cousines, mais il est moins intelligent qu' _____.
3 Ils ont pris des vêtements qui n'étaient pas à _____.
4 Tu regardes la télé! Tu vois, je travaille plus que _____.

Reminder

- Relative pronouns in French are *qui* (who, which, that), *que* (whom, who, which, that), *dont* (of whom) and *où* (where). They are used to link two parts of a sentence and avoid repetition.

E Match the two halves of the sentences.

1 Un portable est utile pour les jeunes ☐
2 J'adore mon nouveau mobile ☐
3 J'ai choisi le nouveau modèle ☐
4 Je l'ai acheté au cybermarché ☐

a qui sortent beaucoup
b dont on parle beaucoup à la radio
c où les prix sont bas
d que j'ai acheté hier

F On a separate sheet of paper, link the following pairs of sentences using either *qui* or *que*.

1 J'aime la télévision. Elle m'aide à me détendre.
2 J'aime surtout les quiz. Je les trouve très amusants.
3 Hier soir j'ai regardé un documentaire. Il m'a beaucoup plu.
4 Samedi il y a un film. Je l'ai déjà vu au cinéma.

Possessive and demonstrative pronouns E1 Grammar: 6.10, 6.11, p154

Reminder

- Possessive pronouns in English are 'mine', 'yours', 'his', 'hers', 'ours', 'theirs'. In French, the pronoun changes according to who owns the object and whether the object is masculine or feminine, singular or plural.

	Singular		Plural	
	masculine	feminine	masculine	feminine
mine	le mien	la mienne	les miens	les miennes
yours	le tien	la tienne	les tiens	les tiennes
his/hers	le sien	la sienne	les siens	les siennes
ours	la nôtre	la nôtre	les nôtres	les nôtres
yours	le vôtre	la vôtre	les vôtres	les vôtres
theirs	le leur	la leur	les leurs	les leurs

A Choose the correct possessive pronoun in each sentence and underline it.

1 Je paie mon café mais je ne paie pas le tien / la tienne.
2 Ils ont leurs livres mais ils n'ont pas le nôtre / les nôtres.
3 Elle a emprunté mon portable, car elle avait oublié le sien / la sienne.
4 Mes copains sont jaloux de mes notes. Les leurs / les siennes sont franchement mauvaises.
5 Ta mère est sympa. La mienne / le mien est trop stricte.
6 Voici la voiture de mon père. Le vôtre / la vôtre est-elle dans le garage?
7 Ils aiment bien notre maison; la leur / les leurs est très vieille.

B Complete the answers to the questions with a possessive pronoun.

1 C'est bien votre valise? Oui c'est _____.
2 Elle m'aide à faire mes devoirs, mais elle n'a pas encore fait _____.
3 Mes profs sont gentils, mais mes frères disent que _____ sont sévères.
4 Nous voyons bien les bagages des autres, mais où sont _____?
5 C'est ma place? Oui monsieur, c'est _____.

Reminder

- Demonstrative pronouns in English are used to say 'those who', 'the one(s) which' or 'this one/that one'.
- The main demonstrative pronoun in French is *celui/celle/ceux/celles*. It changes to agree with the noun it replaces.

C Complete the sentences by writing in a phrase from the box.

1 Il aime son vélo mais il préfère
_____.
2 Je prends la montre en or;
_____.
3 Ces lunettes ne sont pas les miennes; ce sont
_____.
4 Les œufs les plus frais sont
_____.

> celle qui est dans la vitrine
> ceux qu'on achète chez le fermier
> celui de son frère   celles de ma mère

D Translate the tour guide's commentary into French on a separate piece of paper.

1 The statue on the right is old, but the one which you see in front of you is modern.
2 The stained glass windows are beautiful. Look at the one on the left.
3 Those who want to visit the castle, follow me please.
4 There is a guided tour in English for those who don't speak French.

Reminder

- After *celui, celle, ceux, celles* you can add *-ci* or *-là* for greater emphasis or to contrast two items:
- *Quel livre préfères-tu? Celui-ci ou celui-là?*

E Fill in the correct form of *celui* with *-ci* or *-là*.

1 Quelles chaussures prenez-vous? _____ ou _____?
2 Je cherche un t-shirt; il faut choisir entre _____ et _____.
3 Voici deux belles bagues, madame; _____ est en argent et _____ est en or.

Indefinite pronouns and interrogative pronouns E1 Grammar: 6.12–13, pp159–60, 155

Reminder

◆ The most common indefinite pronouns in French are *quelqu'un* (someone) and *quelque chose* (something).

A *Quelqu'un* or *quelque chose*? Fill in the gaps with the appropriate indefinite pronoun.

1 J'ai _____ à vous dire.
2 _____ est venu à la maison aujourd'hui.
3 Il a des problèmes; il veut en parler à _____.
4 Avez-vous _____ à déclarer, madame?
5 Tu veux boire _____?

Reminder

◆ *Quelque chose* can be used with *de* + adjective: *quelque chose de nouveau* (something new).

B Translate into French on a separate sheet of paper.

1 something different
2 something special
3 something difficult
4 something important
5 something beautiful

Reminder

◆ *tout/toute/tous/toutes*, *autre/autres* and *chacun/chacune* are also indefinite pronouns, which need agreements.

C Write the appropriate form of the indefinite pronoun in the gaps.

1 Les pères ont tous continué de travailler. Les mères ont _____ abandonné leur poste.
2 Je n'aime pas mon poste, j'en cherche un autre. Je n'aime pas ma voiture, j'en cherche _____.
3 Il a parlé à chacun des garçons. Il a parlé à _____ des filles.

Reminder

◆ Other indefinite pronouns are *quelques-uns/quelques-unes*, *plusieurs*, *certains/certaines* (some), *n'importe qui*, *n'importe quoi* (anything), *pas grand-chose*.

D Complete Florian's account by filling in the correct indefinite pronouns.

1 _____ de mes amis sont au chômage. (several)
2 _____ ont décidé de partir. (some)
3 _____ sont tournés vers le crime. (a few)
4 Parmi les filles, _____ sont déjà parties. (a few)
5 Moi, je suis prêt à faire _____. (anything)
6 Je travaillerais pour _____. (anyone)
7 Mais ici dans la région, il n'y a _____. (not a lot)

Reminder

◆ Common interrogative pronouns in French are *qui?*, *que/qu'?* and *quoi? Quoi?* is used when 'what?' stands alone, or after a preposition.

E Fill in the gaps with a suitable interrogative pronoun.

1 _____ fais-tu ce soir?
2 Avec _____ vas-tu au cinéma?
3 C'est _____ un cyber café?
4 _____ t'a invité?

Reminder

◆ The French for 'which one(s)?' is *lequel/laquelle/lesquels/lesquelles*.

F Complete the sentences with the correct form of *lequel*.

1 Il y a tant de chaussures ici; _____ prends-tu?
2 J'ai visité les deux musées et on m'a demandé _____ j'avais préféré.
3 Il y a deux hôtels ici; _____ allons-nous?   (*à laquelle/auquel*)
4 On a visité plusieurs villes; _____ vous souvenez-vous?   (*desquelles/desquels*)
_____

Revision: prepositions, conjunctions and pronouns

A Complete the following paragraphs by writing the appropriate form of *à*, *de* or *en* in the gaps.

_____ principe, une mère qui reste _____ foyer profite _____ maximum _____ son enfant. Elle joue avec lui, elle lui lit _____ histoires et elle fait _____ dessin ou _____ peinture avec lui. _____ été, elle l'emmène _____ parc ou _____ piscine. Plus tard, elle l'accompagne _____ école maternelle, et elle l'attend quand il sort _____ école _____ fin _____ après-midi.
Mais il y a _____ mères qui s'ennuient _____ maison et qui regrettent la vie active. _____ bureau, on parle avec _____ collègues, on téléphone _____ clients, on va _____ réunions.
_____ nos jours, la plupart _____ mères partent _____ congé de maternité, mais beaucoup _____ femmes reprennent leur poste ensuite. Elles mettent leur enfant _____ crèche _____ lundi _____ vendredi, et elles retournent dans le monde _____ travail.

B Translate the following sentences into French. The verbs you need are in the box below.

1 He doesn't remember it.

_____

2 Politicians were discussing it last week.

_____

3 Most people aren't interested in it.

_____

4 Many smokers have given it up.

_____

5 The Minister of Education wrote him a letter.

_____

6 We go there every year.

_____

7 I bought some yesterday.

_____

8 The teacher didn't explain it to them.

_____

9 My family has not benefited from it.

_____

10 The government is thinking of forbidding it.

_____

> penser s'intéresser acheter expliquer se souvenir
> discuter profiter renoncer aller écrire interdire

C Complete the gaps in the following passage with *qui*, *que*, *dont* or *où* as appropriate.

Le film _____ j'ai vu samedi dernier était un film d'action, _____ m'a beaucoup plu. C'est l'histoire d'un garçon _____ les parents sont morts, _____ essaie de sauver le monde. Il va à l'école des sorciers, _____ il a beaucoup d'aventures avec ses copains, _____ apprennent aussi la magie.
Dans ce film, il y a beaucoup d'effets spéciaux _____ j'ai adorés! Les acteurs, _____ sont pour la plupart très célèbres, ont bien joué leurs rôles, et j'ai apprécié aussi la musique _____ a composé un musicien célèbre. Malheureusement, mes copains, _____ m'ont accompagné au cinéma, n'étaient pas si enthousiastes. Alice, _____ préfère les comédies romantiques, a trouvé le film _____ on parle enfantin. Julien, _____ n'avait pas lu le roman, n'a rien compris de l'histoire, _____ tout se passe très vite.
Samedi prochain, ce sont mes copains _____ vont choisir le film _____ on va voir!

D Complete the following sentences with appropriate emphatic pronouns.

1 Mes cousins? Je suis allé au cinéma avec _____ hier.

2 Les femmes, _____ , ont d'autres idées.

3 «Excusez-moi, ce portable est bien à _____ ? »«Oui, c'est à _____ .»

4 Il n'a pas envie de sortir; il préfère rester chez _____ .

5 «Tu connais Olivier? »«Mais oui, c'est _____ qui m'a invité à venir. »

E Complete these sentences with appropriate possessive pronouns (*le mien*, etc).

1 Voici mon passeport; as-tu _____ ?

2 J'ai trouvé mes bagages; avez-vous trouvé _____ ?

3 Mes cousins admirent mon ordinateur, car _____ est très vieux.

4 Notre voisin nous a expliqué que sa voiture est plus puissante que _____ .

5 André se plaint que mes sœurs sont plus gentilles que _____ .

F Translate these phrases into French.

1 after midnight

_____

2 right from the first day

_____

3 until eight o'clock

_____

4 among the candidates

_____

5 according to parents

_____

6 in the morning

_____

7 on the bus

_____

8 in her opinion

_____

9 on the way to France

_____

10 every evening

_____

G Translate the following sentences into French.

1 In winter I always go to Spain while my parents are in Australia.

_____

_____

2 In general, we see them more often since they have been living abroad.

_____

_____

3 She's a vegetarian; however, according to her boyfriend, she does eat fish.

_____

_____

4 Nowadays vegetarianism is nothing special.

_____

_____

5 Which job do you prefer, the one in Paris or the one in Le Havre?

_____

_____

6 Those ideas are good, but these are far more interesting.

_____

_____

7 Until the age of sixteen, all young people go to school.

_____

_____

8 Among my friends, a few are unemployed; however several have gone to university.

_____

_____

9 In my opinion, anyone can learn a foreign language.

_____

_____

10 When I telephoned her last night she said she would talk to them about it.

_____

_____

11 The stranger asked a passer-by to help him find his hotel.

_____

_____

12 Doctors advise us to eat less meat and more fruit and vegetables.

_____

_____

13 Between ourselves, I haven't got any money. Could you lend me some this afternoon?

_____

_____

14 Did you go out to a restaurant? Which one?

_____

_____

15 What did the others think of it?

_____

_____

The main tenses of verbs

The present tense: regular verbs, the infinitive E1, p11
E1 Grammar: 8.1, p157

Reminder

◆ The present tense is used to describe what is happening now or what usually happens.

A In each pair of sentences one has a verb or verbs, in the present tense. Underline them.

1 Tu fais du shopping le week-end?
2 Tu as fait du shopping ce week-end?
3 Oui, je suis allé en ville samedi dernier.
4 Oui, je vais toujours en ville le samedi.
5 Comme tu n'as pas de permis de conduire, tu prends le bus?
6 Comme tu n'avais pas de permis de conduire à l'époque, tu prenais le bus?
7 Non, j'avais l'habitude de prendre un taxi!
8 Non, je préfère prendre un taxi!
9 Tu dépenses tout ton argent normalement?
10 Tu dépenseras tout ton argent samedi?

B Match the six sentences to the reasons given below for using the present tense.

1 J'écris une longue lettre à ma correspondante belge. ☐
2 Je lui écris trois ou quatre fois par an. ☐
3 Je la connais depuis quatre ans. ☐
4 Je lui rends visite la semaine prochaine. ☐
5 En Belgique, on parle français et flamand. ☐
6 Je me rappelle très bien ma première visite. J'arrive, on me parle et je n'y comprends rien! ☐

The present tense is being used to describe . . .

a Something which will happen in the near future.
b Something which happens regularly.
c Something which relates to historical events, bringing them to life.
d Something which began in the past and is still happening.
e Something which is happening now.
f Something which is 'universal'.

Reminder

◆ The endings for a regular –er verb are:

je joue	nous jouons
tu joues	vous jouez
il/elle/on joue	ils/elles jouent

C Complete the verbs and translate into English.

1 Je joue (jouer) I play I am playing
2 Tu _____ (écouter)
3 Il _____ (danser)
_____
4 Elle _____ (travailler)
5 On _____ (regarder)
_____
6 Nous _____ (monter)
_____
7 Vous _____ (parler)
_____
8 Ils _____ (commencer)
_____
9 Elles _____ (adorer)

Reminder

◆ The endings for a regular –ir verb are:

je finis	nous finissons
tu finis	vous finissez
il finit	ils finissent

_____

D Choose from the verbs in the box and translate the phrases into French.

1 I always choose chocolate!
_____
2 How do you react? (*tu*)
_____
3 He always obeys the rules.
_____
4 We slow down at the corner.
_____
5 Seize the thief! (*vous*)
_____
6 They don't think much!
_____

ralentir obéir choisir réagir réfléchir saisir

Reminder

◆ The endings for a regular –re verb are:

je vends	nous vend**ons**
tu vends	vous vend**ez**
il vend	ils vend**ent**

E Choose a verb from the box to complete each gap and translate the sentences into natural English.

1 Tu _____ le bus?
_____

2 Vous _____ la rue principale.
_____

3 Ils _____ leur voiture.
_____

4 Nous n' _____ rien.
_____

5 Il me _____ le livre.
_____

6 Je _____ mon temps ici.
_____

7 Elle ne _____ pas.
_____

> descendre perdre attendre rendre répondre
> vendre entendre

Reminder

◆ Revise the small spelling changes for the present tense of verbs like *commencer, manger, appeler,* etc.

F Fill in the gaps.

je commence	nous commençons	ils commencent
je mange	nous	ils
j'appelle	nous	ils
j'achète	nous	ils
j'espère	nous	ils
je paie	nous	ils

Reminder

◆ The infinitive is used when the verb is used as a noun and also in instructions.

G Complete the translations.

1 Travailler, quelle horreur!
Working, how awful!

2 Voyager, c'est intéressant.
_____.

3 Réviser, quelle barbe!
_____.

4 Attendre, je déteste ça!
_____.

5 Cuisiner? Je n'ai pas le temps.
_____.

6 *Mettre au four chaud.*
Put in a hot oven.

7 _____.
Peel the apples.

8 _____.
Wash the potatoes.

9 Couper en dés.
_____.

10 Cuire pendant dix minutes.
_____.

H Use the correct version of the verbs in the box to fill the gaps.

Après l'école, je (1) _____ pour me détendre. Des fois, je (2) _____ me reposer devant la télé ou bien j' (3) _____ quelques CD. Quelquefois, mon amie m'(4) _____ et nous (5) _____ de sortir. Nous (6) _____ ensemble dans un café où je prends un thé et elle (7) _____ un coca. Nos copains (8) _____ nous voir s'ils ne (9) _____ pas leurs devoirs chez eux.

> décider passer écouter finir choisir préférer
> parler rentrer appeler

The main tenses of verbs

The present tense: irregular, modal and reflexive verbs

E1, p111
E1 Grammar: 1.1, p146

A Put the correct form of *avoir* or *être* into each gap.

Mon petit ami, qui (1) _____ 18 ans, (2) _____ très beau. Il (3) _____ de grands yeux bleus et un sourire charmant. Ma sœur, par contre, n' (4) _____ pas belle du tout. Elle (5) _____ un grand nez et un tas de boutons. Moi et mes amies, nous (6) _____ des qualités à envier. Nous (7) _____ belles et intelligentes. Il n'y (8) _____ personne de plus agréable dans notre classe. Mais les garçons (9) _____ affreux. Ils n'(10) _____ vraiment aucun style. Ils (11) _____ toujours grand faim et grignotent constamment. En plus, ils (12) _____ l'air bête. Vous (13) _____ envie de faire leur connaissance? Vous (14) _____ fou!

B Put the correct form of *aller* or *faire* into each gap and translate the sentences into English.

1 Il y _____ seul.

_____.

2 Tu _____ un tour en ville?

_____.

3 Tu _____ voir ta sœur?

_____.

4 _____ -ils avec vous?

_____.

5 Je ne _____ rien!

_____.

6 Elle _____ un gâteau.

_____.

7 J'y _____ tout de suite.

_____.

8 Nous _____ de notre mieux.

_____.

9 Nous y _____ ensemble?

_____.

10 Qu'est-ce qu'ils _____ ?

_____.

C Put the correct part of *vouloir*, *pouvoir* or *devoir* into each gap.

1 Je _____ bien sortir ce soir, mais je ne _____ pas parce que je _____ faire du baby-sitting.

2 Mes parents _____ travailler tous les deux. D'abord, il y a les frais de maison,

puis nous _____ passer nos vacances aux Etats-Unis si possible. Nous ne _____ pas faire les économies nécessaires sans deux salaires.

3 Tu _____ sortir ou tu préfères rester là? Moi, je _____ aller faire les courses, mais tu _____ te détendre dans le salon si tu _____. Après on _____ jouer aux échecs?

D Put the correct form of *mettre* or *prendre* into each gap, then match the sentences with their translation.

1 _____ la table. ☐

2 Qu'est-ce qu'on _____ pour un entretien? ☐

3 Tu _____ quoi comme boisson? ☐

4 _____ votre temps! ☐

5 _____ -nous en route. ☐

6 Nous la _____ pour aller en vacances. ☐

7 Ils ne _____ pas de risques. ☐

8 Je ne le _____ pas au sérieux. ☐

9 _____ -le dans ta poche. ☐

10 Ils ne _____ pas la voiture au garage. ☐

a Put it in your pocket.
b What should one wear for an interview?
c Let's get going.
d They don't put their car in the garage.
e I don't take him seriously.
f What would you like to drink?
g They don't take any risks.
h We're taking it on holiday.
i Take your time!
j Lay the table.

E Translate into French, using *partir*, *sortir* or *venir*.

1 Are you leaving? (*tu*)

_____

2 I'm coming.

_____

3 We're going out.

_____

4 Are you leaving? (*vous*)

_____

5 She's coming.

_____

6 They are going out. (*ils*)

_____

7 We are coming.

_____

8 Are you going out? (*tu*)

_____

9 They are coming. (*elles*)

_____

10 He is leaving.

_____

11 I am going out.

_____

12 Are you coming? (*tu*)

_____

Reminder

◆ Reflexive verbs work like other verbs, but with the addition of the reflexive pronouns:

je **me**	on **se**
tu **te**	nous **nous**
il **se**	vous **vous**
elle **se**	ils **se**

Examples: *je **me** lève; **nous** nous brossons les dents; ils **se** dépêchent*

F Use the prompt verbs to fill the gaps. They are given in the correct order.

> se lever   se dépêcher   se mettre
> s'amuser   se coucher

En vacances, nous (1) _____ tard et nous ne (2) _____ pas du tout! Après un petit déjeuner très détendu, nous (3) _____ lentement en route pour la plage. Nous (4) _____ toute la journée et après une soirée au restaurant, nous (5) _____ tard.

G Choose the correct version of an appropriate verb to fill each gap.

> s'occuper   s'habiller   se mettre
> se lever   se brosser

- Hélène, tu (1) _____ enfin!
- Oui, oui, je (2) _____ déjà.
- Tu (3) _____ les dents avant de descendre?
- D'accord. Où sont mes devoirs?
- Aucune idée! Je ne (4) _____ pas de tes affaires. Allez, viens. Les autres (5) _____ déjà en route.

H Translate the sentences into English.

1 Will you have a beer?

_____

2 What is she doing?

_____

3 They don't want to come on Saturday.

_____

4 Where do you put your pencils?

_____

5 Can they see the coast?

_____

6 Must we stay at home?

_____

7 I go to school in Rennes.

_____

8 Is she rich?

_____

9 He swims very well.

_____

10 We are leaving for Italy tomorrow morning.

_____

11 You must be home before midnight.

_____

12 Sophie is scared of spiders and snakes.

_____

The main tenses of verbs

A Put the correct part of *boire*, *croire* or *voir* into each gap.
1 Tu _____ que c'est vrai?
2 Vous _____ un peu de vin?
3 Lui, riche? Je ne _____ pas!
4 Je ne _____ que rarement de l'alcool.
5 Leurs cousins? Ils ne les _____ pas souvent.
6 Il ne _____ pas qu'il va venir.
7 Nous _____ un jus d'orange tous les matins.
8 Je ne _____ pas pourquoi.
9 Ils ne _____ pas que ça vaut la peine.
10 Les enfants ne _____ que du coca!

B Put the correct part of *savoir* or *connaître* into each gap.
1 Tu _____ nager?
2 Il la _____ depuis deux ans.
3 _____ -vous quand elle reviendra?
4 Comment faire? Qui _____?
5 Nous _____ au moins trois filles qui s' appellent Sarah.
6 Ils _____ déjà les îles anglo-normandes.
7 Où est-ce que je l'ai mis? Je ne _____ plus.
8 _____ -vous l'origine de ce mot?
9 Vous _____ mon patron?
10 Tu ne _____ pas de qui il s'agit?

C Fill the gaps with the correct forms of the verb *lire*.
Tu crois que les jeunes (1) _____ moins qu 'autrefois? Dans certains cas peut-être. Moi je (2) _____ plusieurs livres à la fois! En classe, nous (3) _____ un roman de Stendhal et chez moi, je (4) _____ plutôt des romans policiers ou de la science-fiction. Mais mon petit frère ne (5) _____ pas beaucoup et en fait, mes parents (6) _____ seulement le journal!

D Fill the gaps with the correct part of *dire*, *rire* or *écrire*.
1 _____ -moi la vérité.
2 _____ -moi bientôt.
3 Il ne _____ jamais. Il est plutôt triste.
4 Qu'est-ce que vous _____? Je ne vous crois pas.
5 Il est amusant. Nous _____ toujours ensemble.
6 Vous _____ toujours à vos correspondants?
7 Elle fait beaucoup de fautes d'orthographe quand elle _____ en anglais.
8 Mes parents me _____ toujours 'on verra.' C'est agaçant!

E Put the correct part of a verb from the box into each gap, then translate the sentences into English. All the verbs are irregular!
1 Il _____ depuis quand à Paris?
_____.
2 Les Français ne _____ pas toujours les Anglais au rugby!
_____.
3 Il _____ trop vite.
_____.
4 Vous _____ très lentement!
_____.
5 Est-ce que les enfants _____ bien?
_____.
6 Ils nous _____ une carte postale chaque année.
_____.
7 Nous _____ toujours le mode d'emploi.
_____.
8 Je _____ une réunion aujourd'hui.
_____.

> dormir battre courir suivre envoyer
> vivre conduire tenir.

Reminder

◆ Use *tu* when you are talking to children, friends or relatives. Use *vous* for other adults or for addressing more than one person.

F Write down whether you would say *tu* or *vous* in each case.

Vous parlez avec . . .

1 un camarade de classe _____
2 le patron du restaurant où vous travaillez

_____

3 vos deux meilleurs amis

_____

4 le petit fils de votre voisin

_____

5 votre cousine _____
6 les enfants pour lesquels vous faites du baby-sitting _____
7 la serveuse dans un café

_____

8 votre petit ami/petite amie

_____

9 votre prof de français _____
10 l'homme qui répare votre ordinateur

_____

G Complete these sentences with a suitable verb from the box.

1 << Maman, _____ les clés de la voiture? >>
2 << _____ prêtes, les filles? >>
3 << Pourquoi _____ triste, mon petit? >>
4 << Excusez-moi, madame, _____ remarqué qu'il est défendu de stationner ici? >>

| as-tu   avez-vous   es-tu   êtes-vous |

Reminder

◆ Impersonal verbs are those which are used only in the third person singular.

H Underline the impersonal verb(s) in each sentence and then translate the sentences into English.

Préparations pour les vacances

1 Tu penses qu'il faudra regarder la météo avant de partir?

_____.

2 Ah, oui, il vaut mieux savoir quel temps il fera.

_____.

3 Et s'il ne fait pas beau – qu'est-ce qu'on fera?

_____.

4 Ben, s'il pleut, il y a toujours les musées!

_____.

I Now use the impersonal verbs in the box below to translate these sentences into French.

1 We are short of euros.

_____.

2 It's a question of money!

_____.

3 It's necessary to go to the bank.

_____.

4 I've got about 100 Euros left.

_____.

5 It's better to have at least 2000!

_____.

6 Apparently it's hot over there at the moment.

_____.

7 There's still some time left.

_____.

8 It's enough to take shorts and a few t-shirts.

_____.

9 Apparently there is too much pollution in Athens.

_____.

10 Much remains to be done.

_____.

| il faut   il manque   il fait   il s'agit de
il vaut (mieux)   il reste   il reste   il reste   il paraît
il y a   il suffit   il paraît |

The main tenses of verbs

The perfect tense with *avoir*

E1, p40
E1 Grammar: 8.2–6, p156–157

Reminder

◆ The perfect tense can translate into English in various ways. *Tu as mangé* could be 'you ate', 'you have eaten' or 'you did eat.'

A Underline the perfect tense example in each sentence and translate the sentences into English.

1 Sarah et Matthieu ont visité la Belgique l'année dernière. _____.

2 Ils ont pris l'Eurostar à Bruxelles.

_____.

3 Ils ont passé trois nuits dans un hôtel Ibis près du centre. _____.

4 Ils ont préféré manger dans les restaurants de la Grande Place. _____.

5 Le centre était formidable mais ils n'ont pas aimé la banlieue. _____.

6 Ils n'ont pas eu le temps de visiter le reste du pays.

_____.

7 Mais ils ont réussi à visiter tous les monuments de Bruxelles. _____.

8 Ils ont dû partir tôt le matin du quatrième jour.

_____.

9 Sarah a dit, <<Je n'ai jamais vu une aussi belle ville.>>

_____.

10 Matthieu a demandé, «Tu as déjà visité d'autres capitales européennes?»

_____.

Reminder

◆ The perfect tense is usually formed with part of *avoir* plus a past participle.

B Fill the correct part of *avoir* into each gap.

1 J' _____ visité la Belgique.

2 Tu _____ vu tous les monuments?

3 Sarah _____ mangé trois fois de suite sur la Grande Place.

4 Nous _____ passé trois nuits dans un hôtel Ibis.

5 Vous _____ envoyé des cartes postales?

6 Ils _____ acheté des souvenirs.

Reminder

◆ Regular verbs form their past participles like this:
mang~~er~~ → mangé
fin~~ir~~ → fini
rend~~re~~ → rendu

C Fill the gaps with the past participle of the verbs in the box.

1 Pour nos premières vacances à l'étranger nous avons _____ la France.

2 Mes parents ont _____ d'aller dans un camping à Pénestin.

3 Nous avons _____ trois semaines là-bas.

4 En arrivant, nous avons _____ la fiche en français!

5 Le premier jour nous avons _____ la clef de la caravane.

6 Le dernier jour, un camion a _____ notre voiture.

7 Mon père a _____ des insultes au chauffeur.

8 Mais celui-ci n' a pas _____!

9 Il a simplement _____ sa route.

10 Mon père a _____ par se calmer.

> remplir   continuer   passer   décider   percuter
> entendre   choisir   crier   perdre   finir

Reminder

◆ Many common verbs have irregular past participles. Check the verb table (p168 *Elan 1* Students' Book).

D Fill the gaps with the correct past participle from the verbs in the box (p39.

1 Nous avons _____ plein de nouvelles expériences!

2 Un jour, tout le monde a _____ profiter de la mer et donc, nous sommes allés à la plage.

3 Ce jour-là, il a _____ un temps merveilleux.

4 Nous avons _____ nous baigner pendant des heures.

5 Je n'ai jamais _____ tant de crème solaire!

6 A midi, nous avons _____ un casse-croûte au Bar de la Plage.

7 Pendant la journée, j'ai _____ tout un litre d'eau minérale.

8 Maman a _____ tout un roman sous son parasol.

9 Puis elle a _____ quelques cartes postales.

10 Papa a tout simplement _____ toute la journée!

> mettre vouloir dormir lire faire prendre
> écrire pouvoir avoir boire

E Translate the sentences into French using the verbs suggested.

1 She ran 10 kilometres.   (*courir*)

_____.

2 She beat all the records.   (*battre*)

_____.

3 He opened the present.   (*ouvrir*)

_____.

4 The children followed their mother.   (*suivre*)

_____.

5 Did they have to go to school?   (*devoir*)

_____.

6 Have you seen the newspaper article?   (*voir*)

_____.

7 They said 'no' straightaway.   (*dire*)

_____.

8 We laughed together.   (*rire*)

_____.

Reminder

◆ When using the perfect tense in the negative, put *ne* and *pas* on either side of the auxiliary verb.

Example: *J'ai vu* … → Je *n'ai pas vu* . . .

F Rewrite sentences 1–5 from E in the negative.

1 _____.

2 _____.

3 _____.

4 _____.

5 _____.

G Write out in full what people did last weekend, using the prompts.

Jeanne

1 faire: du VTT: *elle a fait du VTT*

2 lire: trois romans: elle _____.

3 mettre: une nouvelle robe pour la première fois: elle _____.

4 participer: à un concours: elle _____.

5 vendre: sa collection de timbres: elle _____.

Anna et Louis

6 être: à un concert: ils _____.

7 danser: dans un spectacle: ils _____.

8 attendre: un taxi jusqu' à trois heures du matin: ils _____.

9 voir: un nouveau film: ils _____.

10 enregistrer: un CD au studio: ils _____.

Nous

11 chanter: dans un club de jazz: nous _____.

12 écrire: un poème: nous _____.

13 apprendre: un peu d'allemand: nous _____.

14 avoir: un choc: nous _____.

15 dormir: trois heures en tout: nous _____.

Toi

16 perdre: ton portable: tu _____.

17 visiter: une exposition: tu _____.

18 avoir: des nouvelles de Laurent: tu _____.

19 manquer: un concert de rock: tu _____.

20 jouer: aux échecs: tu _____.

The perfect tense with *être*

E1, p40
E1 Grammar: 8.2–6, p158–159

Reminder

◆ Some verbs use *être* (not *avoir*) as the auxiliary in the perfect tense.

A Underline the four verbs in this passage which take *être* in the perfect tense.

Quand Pascal avait huit ans, son père lui a acheté son premier vélo. Il a toujours été fou du V.T.T. Hier, il est sorti dans la nature, loin des voitures. Il y est allé seul; ses amis ne sont pas aussi passionnés que lui. Il a traversé un terrain plein de bosses et de trous, mais heureusement il n'est pas tombé. Il a même descendu une pente raide pleine de boue sans incident. En fait, la vitesse et le danger ont augmenté le plaisir et il est descendu de son V.T.T. épuisé mais euphorique.

B Fill each gap with the correct part of *être*.

1 Je _____ sorti faire du V.T.T.

2 Tu _____ allé dans la forêt?

3 Il _____ parti de bonne heure.

4 Nous _____ rentrés épuisés mais euphoriques.

5 Vous _____ tombé?

6 Ils _____ rentrés sous la pluie.

C Complete the list of verbs which take *être*.

arr_____	partir
ent_____	sor_____
rent_____	ret_____
al_____	v_____
mo_____	de_____
to_____	re_____
de_____	re_____
na_____	mo_____

D Fill the gaps with the prompt verbs in the perfect tense. There is a mix of *avoir* and *être* verbs.

1 J'ai _____ une semaine à Centre Parc en Sologne. (*passer*)

2 Nous _____ dans la bulle aquatique tous les jours. (*nager*)

3 Ma sœur _____ les jacuzzis et les toboggans. (*bien aimer*)

4 Mes parents _____ séduits par ce paradis artificiel. (*être*)

5 Mon père y _____ pour se détendre. (*aller*)

6 Ma mère _____ être active. (*préférer*)

7 Mon frère _____ tôt tous les matins faire du sport. (*partir*)

8 Moi, j'_____ l'atmosphère superbe. (*trouver*)

Reminder

◆ The ending of the past participle changes when it comes after *être* in the perfect tense. It agrees with whoever or whatever is doing the action.
Add an 'e' if the subject is feminine.
Add an 's' if the subject is plural.
Add 'es' if the subject is feminine and plural.

E Add the appropriate agreement.

1 Mes parents sont déjà allé_____ à Centre Parc en Normandie.

2 Isabelle est tombé_____ en faisant du V.T.T.

3 Nous sommes parti_____ tôt le matin.

4 Lara, tu es rentré_____ tard hier soir?

5 Luc et Guy sont resté_____ dix jours en Sologne.

6 Quand est-ce qu'elle est né_____, la petite?

7 Sa mère est venu_____ lui rendre visite.

8 Ses deux sœurs sont resté_____ chez elles.

F Fill agreements into the blanks where they are needed. Sometimes they are not!

Depuis 1936, le temps de travail en France n'a cessé_____ (1) de baisser. A cette époque, le Français moyen avait deux semaines de vacances, mais le chiffre est monté_____ (2) à trois semaines en 1956. En 1998, trois quarts des Français sont parti_____ (3) en vacances. Il y en a qui sont allé_____ (4) à l'étranger, mais neuf sur dix sont resté_____ (5) en France. Les uns sont allé_____ (6) chez des amis, les autres ont profité_____ (7) de leur résidence secondaire. Parmi ceux qui sont resté_____ (8) en France, la plupart ont choisi_____ (9) la Provence, les Alpes ou la Côte d'Azur.

Reminder

- All reflexive verbs take *être* in the perfect tense.
- When using reflexive verbs in the perfect tense, follow the pattern pronoun → reflexive pronoun → part of *être* → past participle.
  Example: *Je me suis levé(e).*
- As with all other *être* verbs, agreement is needed if the subject is feminine, plural or both.

G Fill in the gaps to complete these sentences in the perfect tense. Write out their meaning in English.

1 Je me _____ lavé.

_____.

2 Tu t' _____ couché à quelle heure?

_____.

3 Il _____ 'est brossé les dents.

_____.

4 Elle s' _____ amusée.

_____.

5 Nous _____ sommes reposés.

_____.

6 Vous _____ êtes ennuyé?

_____.

7 Ils se _____ habillés.

_____.

8 Elles _____ sont levées.

_____.

H Use the verbs from exercise G to translate these sentences into French.

1 I enjoyed myself last weekend.

_____.

2 Were you (tu) bored, Alice?

_____.

3 The girls got washed.

_____.

4 She got up at 5.00 am!

_____.

5 Did you (*vous* – plural) have a good rest?

_____.

6 He went to bed late.

_____.

7 Luc and Jean brushed their teeth.

_____.

8 My brother and I got dressed very quickly.

_____.

I Put all your knowledge of the various forms of the perfect tense together to translate these sentences into French.

1 The Suard family had a marvellous week in Switzerland.

_____

_____.

2 Anne-Laure and Laurent went skiing.

_____

_____.

3 Their parents went to Geneva and Basle.

_____

_____.

4 Anne-Laure fell on the first day.

_____

_____.

5 But she continued skiing and enjoyed herself very much.

_____

_____.

6 Laurent too made the most of the snow. (*profiter de*)

_____

_____.

7 They went to bed early and got up late every day.

_____

_____.

8 They returned very relaxed.

_____

_____

The perfect tense: past participle agreements E1 Grammar: 8.3–6, p158–9

Reminder

◆ The past participle does not usually change when it comes after *avoir*. But agreement is needed when there is a direct object before the verb.

Examples:

Marc a acheté une veste.

Où est la veste qu'il a achetée?
(direct object = *la veste*)

Je ne l'ai pas vue. (direct object = *la*)

A Underline the direct object in each sentence and circle the agreement. Remember, if the direct object is masculine singular, there won't be any agreement.
  1 J'ai fini les devoirs que j'ai trouvés si difficiles.
  2 J'ai recopié toutes les erreurs que tu as corrigées.
  3 Les erreurs? Je ne les ai pas toutes comprises!
  4 C'était un gros travail, mais je l'ai fini.
  5 Tu aimes la veste que j'ai choisie?
  6 Je l'ai achetée très bon marché.
  7 Tu ne l'as encore jamais vue?
  8 Tu n' aimes pas celle que j' ai mise pour la boum?

B Add in agreements where they are needed.
  1 Ta photo de Guy? Je ne l'ai pas vu____.
  2 Ta serviette? Je ne sais pas où tu l'as mis____.
  3 Ton pull? Tu ne l' as pas laissé____ chez Daniel?
  4 Tes nouvelles lunettes? Tu les as déjà perdu____?
  5 Tes baskets? Tu ne les a pas nettoyé____?
  6 Ton classeur? Tu ne l'as pas très bien organisé____!
  7 Tes filtres? Tu les as tous ruiné____.
  8 Ton invitation? Pourquoi tu l'as déchiré____?
  9 Tes vêtements sales, tu les as caché____ sous le lit?
  10 Tes affaires, tu ne les as pas rangé____ du tout.

C Which word from the pair given in brackets finishes each sentence?
  1 Comment étaient les vacances que vous avez _____ avec vos parents?
    (*passé/passées*)
  2 Vous avez _____ de bonnes vacances avec vos parents? (*passé/passées*)

  3 Ils ont _____ de bons hôtels? (*choisi/choisis*)
  4 Comment étaient les hôtels qu'ils ont _____? (*choisi/choisis*)
  5 Et les visites aux musées? Vous les avez _____? (*aimé/aimées*)
  6 Vous avez _____ les visites aux musées? (*aimé / aimées*)
  7 Vous avez _____ tout un tas de monuments? C'était intéressant? (*vu/vus*)
  8 Et tous les monuments que vous avez _____? Ils étaient intéressants? (*vu/vus*)
  9 Comment étaient les excursions guidées que vous avez _____ avec eux? (*fait/faites*)
  10 Vous avez _____ des excursions guidées avec eux? (*fait/faites*)

Reminder

◆ Agreement is only needed if there is a direct object before the verb. No agreement is needed with an indirect object.

Example:
Céline? Je l'ai vue hier. L' (*la*), meaning 'her' is the direct object of the verb.
Céline? Je lui ai téléphoné hier. Lui, meaning 'to her', is the indirect object of the verb.

D Find the five examples of a direct object and add an agreement if necessary.
  1 Marc? Je lui ai déjà écrit____.
  2 Aimée? Nous ne l'avons pas vu____ cette semaine.
  3 Laura? Tu l'as croisé____ en ville?
  4 Guy et Michel? Tu leur as téléphoné____?
  5 Sandra? Nous lui avons dit____ la vérité.
  6 Jean-Pierre? Elodie lui a envoyé____ une carte d'anniversaire.
  7 Alice et Christophe? On les a invité____ bien sûr!
  8 Philippe? Je l'ai mis____ à côté d' Anne pour le dîner.
  9 Lara? On lui a expliqué____ les problèmes.
  10 Mathilde et Stéphane? Vous les avez rencontré____ à la plage?

E Use past participles of the verbs in the box to fill the gaps.

| prendre provoquer voir perdre |
| téléphoner avoir déchirer |

1 Où est Christine? Tu l'as _____?

2 Non, et je ne lui ai pas _____ non plus.

3 Je suis en colère à cause des problèmes qu'elle a _____.

4 Ah oui, cette dispute que vous avez _____ l'autre jour.

5 Oui, et puis il y a mes livres qu'elle a _____ quelque part.

6 Et ma nouvelle veste qu'elle a _____.

7 Et en plus il y a mes CD qu'elle a _____ sans même me demander. Vraiment j'en ai marre!

F Read these four accounts of an exchange visit and fill

Reminder

◆ When using the perfect tense think about *avoir* and *être* verbs, about regular and irregular past participles and about agreement which is needed for all *être* verbs and for *avoir* verbs where there is a preceding direct object.

the gaps with the prompted verbs in the perfect tense.

1 Sarah

Au mois de mai dernier, j_____ (*aller*) en France pour la première fois. J_____ (*rendre visite*) à ma corres, Amélie, et sa famille. La première nuit, on _____ (*arriver*) assez tard et, étant fatiguée, je n'_____ (*pouvoir*) bien m'exprimer. Mais dès le lendemain, j_____ (*commencer*) à faire des progrès. En plus, j_____ (*s'amuser*). On _____ (*passer*) du temps au lycée où j_____ (*participer*) au cours d'anglais et on _____ (*faire*) des visites à Caen et à la Baie du Mont-Saint-Michel. On _____ (*se baigner*) et j _____ (*prendre*) un coup de soleil.

2 La correspondante de Sarah

Quand Sarah _____ (*arriver*), elle ne parlait pas beaucoup. Le premier matin, elle n'_____ pas _____ (*comprendre*) mes questions et on _____ (*devoir*) communiquer par signes. Mais tout à coup, elle _____ (*demander*) une tasse de thé et on _____ (*savoir*) que 'la petite anglaise' était arrivée! Pendant notre visite à Caen, elle _____ (*se perdre*). Elle _____ (*acheter*) des cartes postales, puis elle les _____ (*laisser*) quelque part. Elle _____ (*partir*) les chercher, mais heureusement on _____ (*la/revoir*) quelques minutes plus tard de l'autre côté de la rue. Les cartes? Elle ne _____ pas _____ (*les/retrouver*).

3 La mère de sa correspondante

Sarah, était de visite pendant dix jours. Le premier soir, elle _____ (*vouloir*) téléphoner à sa famille et j_____ (*penser*) que sa famille lui manquait. Mais elle _____ (*reprendre*) courage et _____ (*s'habituer*) à nous. Elle _____ tout _____ (*manger*), je crois qu'elle _____ bien _____ (*dormir*) et heureusement, elle ne _____ (*s'enrhumer*) après la visite à la plage. Sarah et notre fille _____ (*se baigner*) toutes les deux au mois de mai! Elle _____ même _____ (*prendre*) un petit coup de soleil. Je lui avais offert ma crème solaire, mais elle _____ (*refuser*). Tout comme ma propre fille!

4 Un des profs anglais

On _____ (*emmener*) 32 élèves en Basse-Normandie. Je leur _____ (*expliquer*) un peu l'histoire de la région, on les _____ (*emmener*) aux sites historiques comme les plages du débarquement où les troupes alliées _____ (*débarquer*) en 1944. Au Mémorial de Caen, le musée de la paix, les élèves _____ (*voir*) une exposition sur les événements des années 20, 30 et 40. Un élève m'_____ (*dire*) qu'il était bouleversé par les choses qu'il avait vues. Je crois qu'ils _____ (*apprendre*) beaucoup de choses.

The imperfect tense (1)

E1, p59
E1 Grammar: 8.7–8, p159–160

Reminder

◆ The imperfect is a past tense which is used to describe what something was like, what used to happen, happened frequently, or what someone was doing in the past.

A Underline the verbs in the imperfect tense and translate the sentences into English.

Teenagers quiz their grandparents about how things used to be.

1 Où habitiez-vous?

_____.

2 Combien d'enfants aviez-vous?

_____.

3 Vous travailliez tous les deux?

_____.

4 Combien gagnait un ouvrier typique à l'époque?

_____.

5 Où alliez-vous en vacances?

_____.

6 Qu'est-ce que vous faisiez pour vous détendre?

_____.

7 Est-ce qu'on mangeait les mêmes choses qu'aujourd'hui?

_____.

8 Etiez-vous heureux?

_____.

B Match up the sentence halves. Then underline all the verbs in the imperfect tense.

Que faisaient les clients quand l'hôtel a été cambriolé?

1 Madame Dubois tricotait ☐
2 Les jeunes mariés déjeunaient toujours ☐
3 Le colonel jouait ☐
4 Madame Levardon et sa belle-sœur partaient ☐
5 La famille Herbert se disputait ☐
6 M Richard attendait ☐
7 Les Dupont faisaient leurs valises ☐
8 Claire téléphonait ☐
9 Mlle Simon prenait ☐
10 Les Givenchy commandaient ☐

a les uns avec les autres.
b un apéro au bar.
c visiter des châteaux.
d encore un pull pour son mari.
e à tous ses copains.
f avant de partir.
g au golf.
h quelqu'un à la réception.
i sa douche.
j dans la salle à manger.

Reminder

◆ The imperfect is formed using the 'nous' form of the present tense and adding the endings in bold below:

nous jouons ✕   tu jou**ais**   nous jou**ions**   ils/elles jou**aient**

je jou**ais**   il/elle/on jou**ait**   vous jou**iez**

C Fill in the gaps in the chart and translate the phrases into English.

			je travaillais	I worked/was working
	travailler	nous travaillons	je travaillais	I worked/was working
1	regarder	nous	je	
2	acheter	nous	tu	
3	parler	nous	il	
4	jouer	nous	elle	
5	lire	nous	on	
6	boire	nous	nous	
7	aller	nous	vous	
8	faire	nous	ils	
9	dire	nous	elles	

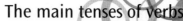

D Fill the gaps with the appropriate imperfect form.

1 Je ne _____ pas. (*savoir*)
2 Qu'est-ce que tu _____? (*faire*)
3 Elle _____ tous les jours. (*venir*)
4 Nous ne le _____ pas. (*croire*)
5 Vous _____ quoi comme voiture? (*avoir*)
6 Ils _____ toujours un thé à 4 heures. (*prendre*)

E The only exception is *être*. (See verb table p. 94.) Fill each gap with the correct part of that verb.

1 J' _____ riche, mais j'ai tout perdu.
2 Tu _____ drôle!
3 Il n' _____ pas à l'heure.
4 Nous _____ tous ensemble.
5 _____-vous pressé?
6 Elles _____ très surprises de me voir!

F Use the imperfect form of a verb from the box to fill each gap.

Que faisaient les élèves quand le prof est entré?

1 Jean-Luc _____ du chocolat.
2 Guy _____ son i-pod.
3 Aïcha _____ au mur.
4 Serge et Matthieu _____ .
5 Nadège _____ sur la table.
6 Charlène et Cathy _____ leurs cahiers.
7 David _____ à tue-tête.
8 Mais Lisa et moi, nous _____ .

> danser   écouter   se battre   crier   manger   dessiner
> déchirer   travailler

G Fill the gaps to explain what Caroline used to do when she led a healthy lifestyle.

1 Elle ne _____ jamais de chocolat.
2 Elle _____ toujours des légumes bio.
3 Elle _____ des vitamines chaque matin.
4 Elle ne _____ jamais.
5 Elle _____ du sport trois fois par semaine.
6 Elle _____ au moins deux litres d'eau par jour.
7 Elle _____ huit heures par nuit.
8 Elle n' _____ jamais stressée.

> dormir   fumer   choisir   manger   être
> prendre   boire   faire

H Fill each gap with an appropriate verb in the imperfect tense.

Le bon vieux temps

1 La grand-mère parle

Ah oui, quand j'étais jeune les gens _____ (1) en excellente santé. Ils _____ (2) partout à pied – presque personne n' _____ (3) de voiture à l'époque – et, vous savez, ils _____ (4) dur. Les femmes _____ (5) tous les vêtements à la main et elles _____ (6) toute la maison chaque matin. En plus, elles _____ (7) trois fois par jour.

> balayer   avoir   être   laver   aller   cuisiner   travailler

2 Les parents parlent

A l'âge de 20 ans, nous _____ (1) vraiment en forme. Nous _____ (2) au hockey tous les deux, nous _____ (3) de longues promenades à la campagne et nous _____ (4) un grand jardin qui _____ (5) beaucoup de travail. D'accord, on _____ (6) un verre de vin le soir et on _____ (7) bien dîner au restaurant de temps en temps, mais d'habitude on _____ (8) correctement, sans trop de choses sucrées.

> représenter   jouer   faire   aimer
> être   boire   manger   avoir

3 L'ado parle

J'ai renoncé à toutes mes mauvaises habitudes. Autrefois, je _____ (1) toute la journée, je _____ (2) de biscuits et de chips et je ne _____ (3) pas assez aux vitamines et aux protéines. Je _____ (4) trop d'heures devant le petit écran, je _____ (5) trop tard, je _____ (6) le tour de toutes les boîtes de nuit et des fois je n' _____ (7) même pas au lit du tout. J' _____ (8) la peau blême comme un phantôme, et je _____ (9) plusieurs kilos de trop.

> songer   passer   aller   grignoter   avoir   peser   se
> gaver   se coucher   faire

The imperfect tense (2)

E1, p59
E1 Grammer: 8.7–8, p159–160

A Fill the gaps in each account of a holiday using verbs from the box in the imperfect tense.

1 En Grèce

En Grèce, il _____ (1) tellement chaud que nous ne _____ (2) pas sortir entre midi et cinq heures! Avant midi, nous _____ (3) faire des achats au village, où nous _____ (4) du temps à la plage. Mais nous _____ (5) toujours manger à midi, puis nous _____ (6) hors de la chaleur. Vers cinq heures, nous _____ (7) courage et nous _____ (8) visiter un peu les alentours. Chaque soir, nous _____ (9) dans une petite taverne différente.

> passer rentrer aller se reposer faire sortir
> reprendre pouvoir manger

2 Aux Etats-Unis

> commander commencer avoir recevoir
> être servir aller être

En Floride, nous _____ (1) étonnés par les petites différences dans la vie quotidienne. On _____ (2) partout en voiture, même sur des toutes petites distances. Aux restaurants, on _____ (3) partout des portions gigantesques. Si on _____ (4) une salade, par exemple, on _____ (5) toute une assiette énorme qui _____ (6) sûrement suffisante pour une famille de quatre personnes. Petit à petit, je _____ (7) à m'y habituer, mais j'_____ (8) toujours peur de prendre des kilos!

3 En Autriche

Les Goslin _____ (1) bien l'Autriche. Tout le monde _____ (2) faire ce qu'il _____ (3) Les enfants _____ (4) des cours de ski chaque matin et les parents _____ (5) faire les pistes plus difficiles. Ils _____ (6) les après-midi ensemble à la patinoire ou ils _____ (7) des achats. Ils _____ (8) à l'hôtel et _____ (9) de bonne heure, épuisés.

> prendre passer se coucher aimer faire
> dîner pouvoir partir vouloir

	Maintenant	Autrefois
1	Il parle couramment.	Il ne parlait pas couramment.
2	Il ne fait pas beaucoup de fautes.	Il
3	Il prononce tout parfaitement.	Il
4	Il est fort en grammaire.	Il
5	Il comprend tout ce qu'on lui dit.	Il
6	Il lit sans difficulté.	Il
7	Il connaît beaucoup de chansons françaises.	Il
8	Il sait plusieurs poèmes par cœur.	Il

C Translate these sentences into French using the imperfect tense. They describe what Philippe and the other students did every day on the language course.

1 They listened to the news in French.

_____.

2 They read newspapers.

_____.

3 They studied grammatical structures.

_____.

4 They learned vocabulary by heart.

_____.

5 They spoke only French.

_____.

6 They did exercises.

_____.

7 In the afternoons they went on excursions.

_____.

Reminder

- The perfect tense is used to describe single completed actions.

- The imperfect tense describes what used to happen, happened a number of times or was happening when something else occurred.

D Underline the correct version of the verb in each sentence.

La jeunesse de ma grand-mère.

1 Elle (est née/naissait) le 18 mars 1939.
2 Son père (est mort/mourait) juste après sa naissance.
3 Elle (a vécu/vivait) son enfance seule avec sa mère.
4 Elles (ont habité/habitaient) une petite maison dans un village.
5 Elle (a commencé/commençait) l'école à l'âge de cinq ans.
6 Elle (a aimé/aimait) bien l'école primaire.
7 Mais en passant dans le secondaire elle (a eu/avait) un choc.
8 Les profs (ont été/étaient) beaucoup plus stricts.
9 Elle (a décidé/décidait) de quitter l'école dès qu'elle (a pu/pouvait).
10 A ce moment-là, elle (n'a eu/n'avait) que quatorze ans.
11 Elle (a trouvé/trouvait) son premier emploi dans une quincaillerie.
12 Mais elle (s'est ennuyée/s'ennuyait) toute la journée.
13 A 18 ans, elle (a décidé/décidait) de quitter le village.
14 Elle (est partie/partait) pour Paris.
15 Elle y (a trouvé/trouvait) un poste dans la famille d'un diplomate.
16 Elle (a été/était) une sorte de jeune fille au pair.
17 Elle (a passé/passait) ses journées à garder les enfants de la famille.
18 Le soir, elle (a été/était) libre de sortir.
19 Elle (a pris/prenait) un cours de soir comme elle (a voulu/voulait) apprendre l'espagnol.
20 C'est pendant ce cours qu'elle (a fait/faisait) la connaissance d'un certain jeune homme.
C' (a été/était) un jeune Savoyard qui (a travaillé / travaillait) comme mécanicien.

21 En fait, ils (sont tombés/tombaient) amoureux presque tout de suite.
22 Ils (se sont mariés/se mariaient) au bout de trois mois.
23 Et deux ans après, ils (ont fêté/fêtaient) la naissance de mon père.

E Write sentences in the past tense to explain Jacques' alibis for the times when various crimes were committed.

Example

le cambrioleur entre / Jacques dort
Quand le cambrioleur est entré, Jacques dormait.

1 Quelqu'un casse une fenêtre / Jacques joue au golf

   _____.

2 Un voleur prend mon vélo / Jacques promène le chien au parc

   _____.

3 Un voyou menace une vieille dame / Jacques révise chez lui

   _____.

4 Les bijoux sont volés / Jacques est en vacances dans la Vendée

   _____.

5 La voiture est incendiée / Jacques passe la nuit chez des amis

   _____.

F Translate these sentences into French.

1 My neighbour was a vegetarian.

   _____.

2 He always said he didn't like meat or fish.

   _____.

3 But I once saw him eat a sausage.

   _____.

4 He was at a barbecue and was talking to an elegant young lady.

   _____.

5 He put it in his mouth without looking.

   _____.

6 He swallowed it. Then he shouted 'who put that on my plate while I was talking to Gisèle?'

   _____.

7 He never came to our house again.

   _____.

The pluperfect tense

E1, p49
E1 Grammar: 8.10, p160

Reminder

◆ The pluperfect is used to describe an action or event that had taken place before some other event in the past.

◆ It is a compound tense, like the perfect. It is formed from an auxiliary verb – *avoir* or *être* – in the imperfect and a past participle. The same rules of agreement apply as in the perfect tense.

A Match up the sentences which could be joined with *parce que*.

Example: *1h – Lisa a eu une mauvaise note en maths parce qu'elle n'avait pas révisé.*

1 Lisa a eu une mauvaise note en maths. [h]
2 Elle a écrit un bon thème en anglais. ☐
3 Elle s'est brûlée au doigt en sciences. ☐
4 Elle est arrivée en retard. ☐
5 Elle n'a pas participé en éducation physique. ☐
6 Elle s'est fait gronder par Madame D'Authier. ☐
7 Elle a eu une dispute avec Caroline. ☐
8 À midi, elle a dû rentrer chez elle. ☐

a Elle avait perdu ses baskets.
b Elle avait raté le bus.
c Elle n'avait pas fait ses devoirs correctement.
d Elle avait appris beaucoup de vocabulaire.
e Elle n'avait pas suivi les conseils du prof.
f Elle avait oublié l'argent pour le déjeuner.
g Celle-ci ne l'avait pas appelée comme promis.
h Elle n'avait pas révisé.

B Write out what each sentence you created in exercise A means in English. Underline each example of the pluperfect tense.

Example: *Lisa got a bad mark in Maths because <u>she had not revised</u>.*

1 _____.
2 _____.
3 _____.
4 _____.
5 _____.
6 _____.
7 _____.

C Put these sentences into the pluperfect tense. A journalist is recounting what Johnny le Star said in an interview.

Example:
Il a enregistré un disque à l'âge de 17 ans.
Il m'a dit qu'il avait enregistré un disque à l'âge de 17 ans.

1 Il a fait son premier concert à l'âge de 10 ans.
Il m'a dit _____.
2 Il a chanté pour le Président de la République.
_____.
3 Il a gagné plus de dix millions d'euros.
_____.
4 Il a signé des milliers d'autographes.
_____.

D Translate these sentences into French. When interviewed, a famous footballer told a journalist that . . .

1 He had scored his first goal at the age of two. (*marquer un but*)
_____.
2 He had always been gifted. (*être doué*)
_____.
3 He had never lost a match.
_____.
4 He had played a hundred times for France.
_____.
5 He had always wanted to be famous.
_____.

E Mimi the model is talking about her life. Report her sentences in the pluperfect tense. There is a mix of *avoir* and *être* verbs.

1 Même à trois ans, j'ai mis les vêtements de ma mère.
Même à trois ans, elle avait _____.
2 Je me suis toujours maquillée avec soin.
Elle _____
3 Cette année, je suis allée à toutes les collections parisiennes.
_____
_____.
4 J'ai refusé de présenter les collections de prêt-à-porter.
_____.
5 J'ai voyagé partout dans le monde.
_____.

F Put verbs from the box in the pluperfect tense into the gaps. When Caroline was interviewed about being unemployed, she explained that:

1 Elle n'avait jamais eu de poste fixe.
2 Elle _____ toujours _____ bonne élève.

3 Elle _____ _____ le brevet des collèges sans trop de problèmes.

4 Au lycée, elle _____ _____ courage.

5 Finalement, elle _____ _____ le lycée sans le bac.

6 Au début, tout _____ bien _____.

7 Elle _____ _____ un poste comme serveuse.

8 Mais au bout de quatre mois, on l' _____ _____.

9 Puis, elle _____ _____ au chômage.

10 Elle _____ _____ deux années de suite dans une colonie de vacances.

11 Elle _____ _____ de faire un dernier effort pour trouver un emploi.

12 Les politiciens disaient que la situation _____ _____.

> quitter obtenir décider être perdre
> avoir s'améliorer travailler s'inscrire
> se passer congédier

G Michèle has retired after many years in her job. Write sentences to compare what she did just before leaving with what she had been doing many years ago.

Récemment	Autrefois
Example: écrire un email	ne jamais utiliser un ordinateur
1 prendre l'avion à Madrid	ne pas voyager hors de son village
2 utiliser un portable	se servir du téléphone au bureau
3 faire des recherches sur le web	faire des recherches à la bibliothèque
4 travailler avec des clients américains	avoir des clients uniquement français
5 manger un casse-croûte à midi	toujours prendre deux heures pour le déjeuner
6 prendre des petits-déjeuners d'affaires	commencer le travail vers neuf heures

Example:
Récemment, elle a écrit un email, alors qu'autrefois elle n'avait jamais utilisé un ordinateur.

1 _____
2 _____
3 _____
4 _____
5 _____
6 _____

H Join these pairs of sentences together using *car* or *parce que* to explain cause and effect.

Example:
Hier, le patron était en colère.
Quelqu'un a perdu le numéro de téléphone d'un client.
= Hier, le patron était en colère parce que quelqu'un avait perdu le numéro de téléphone d'un client.

1 Hier matin, Mlle Dubois n'est pas venue au bureau. Elle a eu mal à la tête la nuit d'avant.

2 La semaine dernière, les ordinateurs étaient en panne. L'équipe d'entretien n'est pas venue à l'heure.

3 Le mois dernier, on a perdu le contrat. Le directeur de vente l'a laissé dans le train.

4 M Charles n'était pas à la réunion hier matin. Il s'est endormi dans son bureau.

5 Les représentants n'ont pas pu participer à la conférence-vidéo de la semaine dernière. La machine est tombée en panne.

6 M Bosset n'a pas pu parler aux nouveaux clients. Il est déjà parti pour les Etats-Unis.

7 Personne n'est allé à l'exposition à Paris. L'expo a été annulée.

Direct and indirect speech

E1, p75
E1 Grammar: 14, p170

Reminder

- Direct speech is used for quoting word for word what someone said.
  Il a dit: << Je n'aime pas les cornichons. >>

- Indirect speech is used to explain what the person said without quoting them directly.
  Il a dit qu'il n'aimait pas les cornichons.

A Louis is relaying a phone message from someone who is coming to visit. Change the visitor's statements into indirect speech. You will need to change the verb in every sentence, but watch out too for other words which need altering.

Example:
1 << *Je pars dans une heure.* >>
   Il dit qu'il part dans une heure.
2 << Je suis en train de faire mes bagages. >>
   _____.
3 << J'ai deux grandes valises. >>
   _____.
4 << Donc, je prends un taxi à la gare. >>
   _____.
5 << Je compte manger en route. >>
   _____.
6 << J'espère arriver vers cinq heures. >>
   _____.
7 << J'ai mon portable sur moi. >>
   _____.

B The visitor asks Louis some questions. Change them into indirect speech, as Louis would relay them to the rest of the family. You will need to use *si*, *combien*, *quelle* or *où* as link words, following the example.

Example:
<< *Tu peux m'attendre à la gare?* >>
Il demande si je peux l'attendre à la gare.
1 << Tu peux m'aider avec mes bagages? >>
   Il demande si _____
2 << On va rentrer tout de suite chez toi? >>
   _____.
3 << Ça met combien de temps? >>
   _____.

4 << Tu as quelle marque de voiture? >>
   _____.
5 << Où exactement se trouve ton village? >>
   _____.

C Now use *ce que* to turn direct into indirect speech.
Example:
« *Qu'est-ce qu'on fera pendant mon séjour?* »
Il demande ce qu'on fera pendant son séjour.
1 « Qu'est-ce qu'on mangera? »
   _____.
2 « Qu'est-ce qu'on verra comme film ce soir? »
   _____.
3 « Qu'est-ce qu'on fera ce week-end? »
   _____.

Reminder

- You often need to change reflexive pronouns and possessive pronouns when changing between direct and indirect speech.

D Marc describes things which happen every morning. Complete the sentences where his mother is reporting the information to his rather deaf grandfather.
Example:
« *Je me lève à six heures.* »
Il se lève à six heures.
1 << Je m'habille. >>
   _____.
2 << Je range ma chambre. >>
   _____.
3 << Je cherche mes affaires. >>
   _____.
4 << Je me mets en route. >>
   _____.
5 << Je rencontre mes copains. >>
   _____.
6 << On bavarde. >>
   _____.
7 << Ils me racontent des histoires. >>
   _____.
8 << Ils m'expliquent les devoirs. >>
   _____.

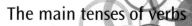

E Two women explain why they did or did not choose to carry on working after they had started a family. Turn their statements into indirect speech.

Annie

1 << J'ai décidé de renoncer à mon travail. >>
Elle a dit qu'elle avait _____

_____ .

2 << J'ai souhaité profiter de mon enfant entièrement. >>
Elle a expliqué qu'elle _____

_____ .

3 << J'ai préféré ne plus avoir d'heures fixes. >>
Elle a ajouté qu'elle _____

_____ .

4 << J'ai voulu consacrer mon temps à ma famille. >>
Elle a dit qu'elle _____

_____ .

5 << Mais j'ai trouvé les réactions négatives des autres bizarres! >>
Mais elle a affirmé qu'elle _____

_____ .

Complete these sentences adding your own words to begin each one.

Sandrine

6 << J'ai dû reprendre mon poste pour des raisons financières. >> _____

_____ .

7 << J'ai trouvé une très bonne nourrice. >>

_____ .

8 << J'ai repris le travail six mois après la naissance de mon fils. >> _____

_____ .

9 << Je n'ai pas voulu être mère au foyer. >>

_____ .

10 << J'ai choisi de garder mon indépendance. >>

_____ .

F Look at Claire's reasons for why she got the job as a nanny. Then complete her employer's statements about why they had chosen her on a separate piece of paper.
« J'ai déjà fait du baby-sitting. »
« J'ai travaillé comme jeune fille au pair. »
« J'ai été monitrice dans une colonie de vacances. »

« J'ai toujours eu un bon rapport avec les enfants. »
« J'ai fait un cours de secourisme. »

La candidature de Claire avait attiré notre attention avant l'entretien parce qu'elle avait . . .

G Read the account of last year's business trip, then rewrite it, changing each verb to the pluperfect.

Nous sommes arrivés ici à Barcelone et nous avons tout de suite fait de nombreuses visites et participé à de nombreuses réunions. Le directeur de ventes a réussi à bien présenter les produits à l'exposition. Il a vendu plus que jamais et il s'est mis en contact avec des clients intéressants. On nous a proposé de nouveaux projets et on a signé des contrats.

L'année dernière, ils étaient arrivés . . .

_____
_____
_____
_____
_____
_____
_____
_____
_____

H When Alice got back from France last week she was asked about how things had gone. Complete the sentences following the prompts to report what she said.
Elle a dit que/qu' . . .

1 . . . elle s'était _____ .
(she had enjoyed the trip)

2 . . . c'était _____ .
(it was the first time she had been to Normandy)

3 . . . elle _____ .
(she had enjoyed the visit to Giverny)

4 . . . elle _____ .
(she had always wanted to see Monet's garden.)

5 . . . elle _____ .
(she had always admired his paintings)

6 Elle nous a demandé si . . . _____ .
(we had been to Normandy)

The past historic

E1, p117
E1 Grammar: 8.11, p160

Reminder

◆ The past historic is used mainly in literary texts or in newspapers and magazines, usually for effect. It is usually used in the third person singular and plural. In other kinds of text, and in speech, the perfect tense is preferred. The past historic describes past actions that took place at a specific moment in time.

A Read the text and look particularly at all the underlined verbs. They are examples of the past historic. Then complete the table.

Il était une fois une petite fille très jolie. Sa grand-mère lui avait offert un petit bonnet rouge qui lui allait si bien que partout on l'appelait le Petit Chaperon rouge.

Un jour, sa mère <u>prépara</u> des galettes et lui <u>dit</u>:

– Va voir ta grand-mère. Porte-lui une galette et ce petit pot de beurre. Sois sage et ne t'écarte pas de ta route.

La grand-mère habitait dans un autre village. En passant dans un bois, le Petit Chaperon rouge <u>rencontra</u> le loup qui <u>eut</u> bien envie de la manger; mais il <u>n'osa</u> pas de peur d'être surpris par quelque bûcheron. Il lui <u>demanda</u> où elle allait. Elle <u>répondit</u>:

– Je vais voir ma grand-mère.

– Est-ce qu'elle habite loin? lui <u>dit</u> le loup.

– Mais oui, assez loin. Elle habite de l'autre côté du moulin, dans la première maison du village, <u>expliqua</u> la petite fille. Et elle s'en <u>alla</u>.

Le loup se <u>mit</u> à courir de toutes ses forces par un chemin plus court.

Example	Infinitive	Meaning
elle prépara	préparer	she prepared
elle dit		
elle rencontra		
il eut		
il n'osa pas		
il demanda		
elle répondit		
elle expliqua		
elle s'en alla		
il se mit à		

B Read the text and underline all the verbs in the past historic.

Le loup ne tarda pas à arriver à la maison de la grand-mère. Il frappa à la porte: toc, toc.

– Qui est là?

– C'est votre Petit Chaperon rouge dit le loup, en prenant une petite voix. Je vous apporte une galette et un petit pot de beurre.

La grand-mère, qui était au lit, lui cria:

– Entre!

Il entra, se jeta sur la vieille femme et la dévora en un rien de temps. Ensuite, il ferma la porte et se coucha dans son lit en attendant le Petit Chaperon rouge. Peu de temps après elle vint frapper à la porte. Toc, toc. Le loup lui cria en adoucissant un peu sa voix:

– Entre.

En la voyant entrer, le loup se cacha sous la couverture. Elle s'approcha de lui et fut bien étonnée de voir l'aspect de sa grand-mère en tenue de nuit.

– Grand-mère, que vous avez de grandes oreilles!

– C'est pour mieux t'écouter, mon enfant.

– Grand-mère, que vous avez de grands yeux!

– C'est pour mieux te voir, mon enfant.

– Grand-mère, que vous avez de grandes dents!

– C'est pour mieux te manger.

Et, en disant ces mots, le loup se jeta sur le Petit Chaperon rouge, et la dévora! Puis il se recoucha, s'endormit et se mit à ronfler à grand bruit.

C List any 12 of 15 different verbs in the past historic from the text and translate them into English.

1 il ne tarda pas à   he didn't delay
2 _____
3 _____
4 _____
5 _____
6 _____
7 _____
8 _____
9 _____
10 _____
11 _____
12 _____

Reminder

◆ The past historic is sometimes used instead of the perfect tense in newspapers and magazines.

D Underline the past historic verb in each sentence and then rewrite it in the perfect tense in the brackets.

Example:

Un massacre imputé aux islamistes armés fit 23 morts. (a fait)

1 Le président confirma son intention de s'opposer à la guerre. (_____)

2 L'archevêque et cardinal John O'Connor décéda mercredi. (_____)

3 Les deux hooligans furent renvoyés devant la cour d'assises. (_____)

4 Tombée dans le coma, la victime se trouva mardi dans un état jugé très grave. (_____)

5 L'escroc dut être hospitalisé dans un état jugé sérieux. (_____)

6 A la suite de l'agression, deux jeunes hommes se constituèrent prisonniers. (_____)

Reminder

◆ The past historic is often used in literary texts. It is common to find a mix of tenses when describing the past:

– the past historic for narrative

– the perfect in conversation

– the imperfect for description or for things which occurred more than once.

E Read the extract from *La Peste* by Albert Camus in which Tarrou and Docteur Rieux are discussing the plague which has hit their town. Take particular note of the tenses used.

– Vous pensez pourtant, comme Paneloux, que la peste a sa bienfaisance, qu'elle ouvre les yeux, qu'elle force à penser!

Le docteur secoua la tête avec impatience.

– Comme toutes les maladies de ce monde. Mais ce qui est vrai des maux de ce monde est aussi vrai de la peste. Cela peut servir à grandir quelques-uns.

Cependant, quand on voit la misère et la douleur qu'elle apporte, il faut être fou, aveugle ou lâche pour se résigner à la peste.

Rieux avait à peine élevé le ton. Mais Tarrou fit un geste de la main comme pour le calmer. Il souriait.

– Oui, dit Rieux en haussant les épaules. Mais vous ne m'avez pas répondu. Avez-vous réfléchi?

Tarrou se carra un peu dans son fauteuil et avança la tête dans la lumière.

– Croyez-vous en Dieu, docteur?

La question était encore posée naturellement. Mais cette fois, Rieux hésita.

– Non, mais qu'est-ce que cela veut dire? Je suis dans la nuit et j'essaie d'y voir clair. Il y a longtemps que j'ai cessé de trouver ça original.

F Underline all the verbs in the text, using different colours for the perfect, imperfect and past historic tenses. Then say why the tense is used and translate the phrase into English.

1 Le docteur secoua la tête.
narrative
The doctor shook his head.

2 Il fit un geste.

_____

_____

3 Il souriait.

_____

_____

4 Vous ne m'avez pas répondu.

_____

_____

5 Avez-vous réfléchi?

_____

_____

6 Tarrou se carra un peu dans son fauteuil.

_____

_____

7 Il avança la tête.

_____

_____

8 La question était posée

_____

_____

9 Rieux hésita.

_____

_____

The future tense

E1, p73
E1 Grammar: 8.12, p161

Reminder

◆ To talk about the immediate future use *aller* plus an infinitive: *Je vais partir tôt le matin.*

A Complete the sentences to explain what plans people have for after the *troisième* year at school. Use the immediate future.

Example:
Nous / continuer au collège
Nous allons continuer au collège.

1 Je / passer en seconde

_____

2 Guy / faire un BEP

_____

3 Laurent et Sighilde / entrer dans un lycée

_____

4 Vous / quitter le collège?

_____

5 Elle / préparer un bac scientifique

_____

6 Tu / aller dans un lycée professionnel?

_____

Reminder

◆ The future tense is used to describe a less definite, more remote future.
◆ The future tense of regular verbs is formed by taking the infinitive of the verb and adding the endings from *avoir*: *-ai, -as, -a, -ons, -ez, -ont.* For -re verbs, the final 'e' is dropped before the endings are added.

manger → *je mangerai* – I will eat
choisir → *tu choisiras* – you will choose
vendre → *ils vendront* – they will sell

B In these sentences people are wondering what the future might hold. Complete them using the prompt verbs.

1 Je _____ peut-être un lycée professionel. (*choisir*)
2 Tu crois que tu _____ ton bac? (*passer*)
3 Je me demande ce qu'elle _____ en fac. (*étudier*)

4 Vous _____ espagnol ou allemand? (*prendre*)
5 Nous _____ au collège? (*continuer*)
6 Quand est-ce qu'ils _____ leurs études? (*finir*)
7 Tu _____ le latin un jour? (*apprendre*)

Reminder

◆ For irregular verbs in the future tense, learn the stem and then add the usual endings. Check any you are not sure of in the verb table (p.94). The most common irregular future verbs are *aller, avoir, devoir, dire, être, faire, pouvoir, voir, vouloir.*

C Translate these phrases into French.

1 I will be _____
2 he will have _____
3 we will have to _____
4 you (*tu*) will be able to _____
5 they will come _____
6 I will want to _____
7 she will see _____
8 you (*vous*) will say _____
9 we will go _____
10 I will do _____
11 they will know _____
12 you (*vous*) will send _____

D Suzanne and Martine have found jobs for next year and their parents are asking them lots of questions! Fill the gaps using the future tense.

1 Où est-ce que vous _____ (*travailler*)
2 Combien est-ce qu'on vous _____? (*payer*)
3 Il y _____ combien de collègues dans votre bureau? (*avoir*)
4 Qu'est-ce que vous _____ exactement? (*faire*)
5 Où est-ce que vous _____ à midi? (*manger*)
6 Quels _____ vos horaires de travail? (*être*)

7 Est-ce que nous _____ vous téléphoner au bureau? (*pouvoir*)

8 Est-ce que vous _____ faire des heures supplémentaires? (*devoir*)

9 Quand est-ce que vous _____ des vacances? (*prendre*)

10 Crois-tu que vous _____ nous rendre visite le week-end? (*vouloir*)

E Fill the gaps, putting all the verbs into the future.

Verseau
Vous _____ (*avoir*) une merveilleuse surprise. Vous _____ (*revoir*) un vieil ami ou vous _____ (*se remettre*) en contact avec un ancien collègue qui vous _____ (*aider*) à progresser.

Poissons
Vous n'_____ (*avoir*) pas beaucoup de chance. Vous _____ (*attraper*) une maladie mystérieuse qui vous _____ (*rendre*) incapable de sortir. Vous _____ (*avoir*) besoin de quelques bons amis.

Bélier
Un nouveau contact vous _____ (*apporter*) de la chance au travail. On vous _____ (*offrir*) un avancement inattendu. Vous _____ (*faire*) bien de l'accepter.

Taureau
Un voyage fascinant _____ (*devenir*) possible. Vous _____ (*voir*) du jamais vu, vous _____ (*visiter*) des endroits inimaginables et vous en _____ (*profiter*) sûrement.

Gémeaux
Vous _____ (*devoir*) faire attention à votre santé. Vous _____ _____ (*se sentir*) fatigué et vous _____ (*manquer*) de force. Vous _____ (*devoir*) consulter un médecin qui vous

_____ (*conseiller*) de vous reposer pendant quelques semaines.

Cancer
Un ami vous _____ (*laisser*) tomber et vous _____ (*être*) déçu. Vous _____ (*essayer*) plusieurs fois de vous remettre en contact mais il/elle ne _____ (*répondre*) pas à vos appels. Courage!

Lion
Votre avenir vous _____ (*inquiéter*) cette semaine. Vous

_____ _____ (*se poser*) bien des questions et vous ne _____ (*savoir*) pas toujours les réponses! Vous _____ (*réfléchir*) beaucoup et à la fin de la semaine, vous _____ (*prendre*) des décisions importantes.

Vierge
Un enfant _____ (*être*) très important dans votre vie. Il/Elle vous _____ (*faire*) voir ce qui est important dans la vie et vous _____ (*commencer*) à voir les choses autrement. Vous _____ (*retrouver*) vous-même la joie de l'enfance!

Balance
Votre vie _____ (*être*) pleine de stress et d'angoisse. Vous _____ (*être*) entouré de difficultés que vous ne _____ (*pouvoir*) pas combattre seul. Des proches _____ (*comprendre*) votre situation et vous _____ (*offrir*) des conseils et de l'aide. Profitez-en!

Scorpion
Des problèmes financiers vous _____ (*menacer*). Vous ne _____ (*gagner*) pas beaucoup, mais vous _____ (*dépenser*) trop. Ces troubles ne _____ (*cesser*) pas et vous _____ (*terminer*) la semaine avec des dettes!

Revision of tenses

A Revise the present tense of irregular verbs, then fill in the missing forms from memory.

1 je _____ (*dormir*)
2 il _____ (*conduire*)
3 vous _____ (*prendre*)
4 nous _____ (*écrire*)
5 je _____ (*mettre*)
6 nous _____ (*craindre*)
7 tu _____ (*battre*)
8 vous _____ (*voir*)
9 ils _____ (*tenir*)
10 nous _____ (*boire*)
11 elle _____ (*recevoir*)
12 tu _____ (*lire*)
13 elles _____ (*connaître*)
14 j' _____ (*ouvrir*)
15 elles _____ (*comprendre*)

B Revise irregular past participles and then translate the phrases using the perfect tense.

1 they (*fem*) got up _____
2 he wrote _____
3 I drank _____
4 they (*masc*) put _____
5 we did _____
6 you (*vous*) took _____
7 she feared _____
8 I drove _____
9 she had to _____
10 you (*tu*) opened _____
11 you (*tu*) had _____
12 he read _____
13 you (*vous*) appeared _____
14 they (*masc*) slept _____
15 we went to bed _____

C Fill in agreements where necessary.

Le jour où Yvette a commencé_____ (1) son nouveau travail, elle était un peu nerveuse. Elle a choisi_____ (2) ses plus beaux vêtements, puis elle les a mis_____ (3) soigneusement. Elle les a enlevé_____ (4) tout de suite pour en mettre d'autres. Elle est parti_____ (5) très tôt, ne voulant pas rater le bus, et elle a dû_____ (6) attendre un bon quart d'heure à l'arrêt d'autobus. Lorsqu'elle est enfin arrivé_____ (7) au centre-ville, elle s'est précipité_____ (8) vers son nouveau bureau, pleine d'angoisse.

D Revise the future tense and then fill in the appropriate parts from memory.

1 vous _____ (*choisir*)
2 nous _____ (*faire*)
3 tu _____ (*avoir*)
4 je _____ (*dire*)
5 il _____ (*mettre*)
6 vous _____ (*répondre*)
7 elle _____ (*prendre*)
8 nous _____ (*comprendre*)
9 je _____ (*dormir*)
10 ils _____ (*boire*)

E Rewrite the sentences in reported speech.

1 — Je n'ai pas assez d'argent.
   Elle a dit qu'elle _____.
2 —Tu viendras?
   Il a demandé si tu _____
3 — Nous ne comprenons pas.
   Ils ont expliqué qu'_____.
4 — Je ne l'ai pas vu.
   Il a dit qu'_____.
5 — Je ne me suis pas levée de bonne heure.
   Elle a expliqué qu'_____.

F Read the extracts and for each verb underlined explain what tense it is and why.

From *Thérèse Desqueyroux* by François Mauriac

Anne, <u>avait</u>-elle un seul des goûts de Thérèse? Elle haïssait la lecture, <u>n'aimait</u> que coudre, jacasser et rire. Aucune idée sur rien, tandis que Thérèse <u>dévorait</u> du même appétit les romans de Paul de Kock, les Causeries du lundi, l'Histoire du Consulat, tout ce qui <u>traîne</u> dans une maison de campagne. Aucun goût commun, hors celui d'être ensemble durant ces après-midi où le feu du ciel assiège les hommes barricadés dans une demi-ténèbre. Et Anne parfois <u>se levait</u> pour voir si la chaleur <u>était tombée</u>. Mais, les volets à peine entrouverts, la lumière pareille à une gorgée de métal en fusion, soudain jaillie, semblait brûler la natte, et il <u>fallait</u> de nouveau tout clore et se tapir.

1 avait

_____ .

2 aimait

_____ .

3 dévorait

_____ .

4 traîne

_____ .

5 se levait

_____ .

6 était tombée

_____ .

7 il fallait

_____ .

From *Antigone* by Jean Anouilh

Antigone	Tu crois qu'on <u>a</u> mal pour mourir?
Le Garde	Je ne peux pas vous dire. Pendant la guerre, ceux qui <u>étaient</u> touchés au ventre, ils avaient mal. Moi, je <u>n'ai jamais été</u> blessé. Et, d'un sens, ça m'a nui pour l'avancement.
Antigone	Comment <u>vont-ils me faire</u> mourir?
Le Garde	Je ne sais pas. Je crois que <u>j'ai entendu</u> dire que pour ne pas souillir la ville de votre sang, <u>ils allaient</u> vous murer dans un trou.
Antigone	Vivante?
Le garde	Oui, d'abord. (Un silence. Le garde se fait une chique.)
Antigone	Oh tombeau! O lit nuptial! O ma demeure souterraine ... (Elle est toute petite au milieu de la grande pièce nue. <u>On dirait</u> qu'elle a un peu froid. Elle s'entoure de ses bras. Elle <u>murmure</u>.) Toute seule.

1 on a

_____ .

2 Ceux qui étaient

_____ .

3 je n'ai jamais été

_____ .

4 ils vont me faire

_____ .

5 j'ai entendu

_____ .

6 ils allaient

_____ .

7 on dirait

_____ .

8 elle murmure

_____ .

G Translate the sentences into French.

1 Claire was going to France.

_____ .

2 It would be her first visit.

_____ .

3 She had never left her family.

_____ .

4 She hoped she would enjoy herself over there.

_____ .

5 She spoke quite good French.

_____ .

****

6 The teddy bears had finished their picnic.

_____ .

7 They had tummy ache.

_____ .

8 'You have eaten too much', said one bear.

_____ .

9 You will be ill tonight!

_____ .

10 It would be better if you were not so greedy.

_____ .

****

11 French grammar is very important.

_____ .

12 You have to learn it for the exam.

_____ .

13 If you didn't know the irregular verbs, you could make lots of mistakes.

_____

_____ .

14 Will you learn three verbs a day by heart?

_____ .

15 Then you will make progress!

_____ .

More verb forms

The imperative

Reminder

♦ The imperative is used to give orders or instructions. It is formed like the present tense (except for -er verbs, which drop the 's' in the *tu* form) and there are three forms:

Mange!	Eat!	(*tu* form)
Mangeons!	Let's eat!	(*nous* form)
Mangez!	Eat!	(*vous* form)

A Translate these phrases into English.

1 Arrête! _____
2 Vas-y! _____
3 Allons! _____
4 Lisez! _____
5 N'oublie pas! _____
6 Achetons du chocolat! _____
7 Dites non. _____
8 Allez plus vite. _____

B Use the *vous* imperative form of each verb to complete the sentences.

1 _____ (*s'asseoir*)
2 _____ vos cahiers. (*ouvrir*)
3 _____ la page 18. (*chercher*)
4 _____ avec un partenaire. (*discuter*)
5 Ne _____ qu'en français. (*parler*)
6 _____ aux questions. (*répondre*)
7 _____ l'exercice 2. (*faire*)
8 _____ la cassette. (*écouter*)
9 _____ vos réponses tout de suite. (*écrire*)
10 _____ vite vos affaires. (*ranger*)

C Use the *tu* form of the verbs given to complete the advice to a friend who wants to get to know a certain boy better.

1 _____ -lui bonjour. (*dire*)
2 _____ -lui si ça va. (*demander*)
3 Ne lui _____ pas trop de questions. (*poser*)
4 _____ -lui où tu habites. (*expliquer*)
5 _____ -lui un plan. (*dessiner*)
6 _____ -lui ton numéro de téléphone. (*donner*)
7 _____ -le sur son portable. (*appeler*)
8 _____ son adresse e-mail. (*prendre*)

9 _____ -lui comment danser un slow. (*montrer*)
10 _____ -lui ta photo. (*envoyer*)

Reminder

♦ There are three verbs whose imperative is irregular:

avoir	→	*aie, ayons, ayez*
être	→	*sois, soyons, soyez*
savoir	→	*sache, sachons, sachez*

D Put the imperative form of *avoir*, *être* or *savoir* into each gap and translate the sentences into English. A teacher is advising some AS students in her French class.

1 _____ confiance en vous.
_____

2 _____ que tout le monde fait des erreurs.
_____

3 _____ calme pendant le test.
_____

4 N'_____ pas peur de parler.
_____

5 Ne _____ pas timide!
_____

E A holiday is being planned. Put the *nous* form of a verb from the box into each gap, then translate the sentences into English.

1 _____ la voiture.
_____

2 _____ en Ecosse.
_____

3 _____ tout de suite.
_____

4 _____ du camping.
_____

5 _____ Edimbourg.
_____

6 _____ deux semaines là-bas.
_____

aller	partir	visiter	passer	prendre	faire

Reminder

◆ When using the negative with imperatives, put *ne* and *pas* round the verb as usual.

Example:
Ne sois pas inquiet.
Ne touchez pas!

F Complete the list of things not to do if you want to lose weight, using the *vous* form of the imperative.

1 manger trop de calories
Ne _____

2 boire de l'alcool
_____

3 grignoter devant la télé
_____

4 dîner sans compter les calories
_____

5 faire de courtes distances en voiture
_____

6 acheter beaucoup de plats préparés
_____

Reminder

◆ With reflexive verbs, the imperative follows this pattern:

Lève-toi/Levons-nous/Levez-vous.

But note the difference in the negative:
Ne te lève pas.
Ne nous levons pas.
Ne vous levez pas.

G Complete the table.

	lève-toi	levez-vous	get up!
1 se lever	ne te lève pas	ne vous levez pas	don't get up!
2 se laver			
	ne		
3 s'habiller			
4 se dépêcher			
5 s'asseoir			

H Translate the verbs into French, using the *tu* form of the imperative.

1 Get going! _____ (*se mettre en route*)

2 Make yourself a cup of tea. _____ (*se faire un thé*)

3 Don't worry about the children.
_____ (*s'inquiéter pour les enfants*)

4 Don't make fun of him.
_____ (*se moquer de*)

5 Don't cut your fingers. _____ (*se couper les doigts*)

I Fill the gaps in these advertising slogans.

1 _____ soin de vous! (*prendre*)

2 _____ un compte sans paperasserie. (*ouvrir*)

3 _____ de notre expérience. (*profiter*)

4 _____ bien! (*choisir*)

5 _____ -vous la vie! (*simplifier*)

6 _____ confiance en nous. (*avoir*)

7 _____ une fois! (*goûter*)

8 _____ exigeant. Vous méritez la meilleure qualité. (*être*)

J Translate into French.

Vous

1 Eat more healthily.
_____.

2 Don't waste your money.
_____.

3 Get up on time.
_____.

4 Don't go to bed too late.
_____.

5 Drink two litres of water a day.
_____.

Tu

6 Come here.
_____.

7 Sit down.
_____.

8 Don't get up.
_____.

9 Listen carefully.
_____.

10 Don't do that!
_____.

More verb forms

The conditional

E1, p89
E1 Grammar: 9.2, p162

Reminder

◆ The conditional is used to express a wish or make a suggestion:

Elle devrait faire des études à l'étranger.	She should study abroad.
Je prendrais bien un café.	I'd quite like a coffee.

A Underline the conditional verbs and translate the sentences into English.

1   Tu devrais faire un plus grand effort!

_____.

2   Nous voudrions passer des vacances en Grèce.

_____.

3   Il ferait mieux de changer de look.

_____.

4   Il serait plus raisonnable d'arrêter ici.

_____.

5   Ils pourraient nous écrire de temps en temps.

_____.

6   Vous voudriez accepter le poste?

_____.

7   J'aimerais le revoir ce week-end.

_____.

8   Tu pourrais faire mieux.

_____.

Reminder

◆ The conditional is used to say what you 'would' do, ie where the action depends on another event or situation. The verb after *si* is always in the imperfect tense.

B Underline the conditional phrase in each sentence, then write into the brackets what the condition is.

1   Si je faisais un plus grand effort, <u>je réussirais à mes examens</u>.
    (If I made more effort . . .)

2   Si j'étais riche, j'achèterais une maison secondaire.
    (If _____)

3   Si j'avais une sœur, nous serions les meilleures amies.
    (If _____)

4   Si je n'avais pas tant de travail, je sortirais ce soir.
    (If _____)

5   Si je ne faisais pas un régime, je mangerais tous les chocolats.
    (If _____)

6   Si j'étais en forme, je pourrais courir dix kilomètres sans problèmes.
    (If _____)

7   Si je prenais des cours de danse, je saurais danser le tango.
    (If _____)

8   Si je répétais tous les jours, je jouerais mieux du piano.
    (If _____)

9   Si je n'étais pas accro, je pourrais renoncer aux cigarettes.
    (If _____)

10 Si j'étais quelqu'un d'autre, je serais plus contente!
    (If _____)

Reminder

◆ To form the conditional use the same stem as is used for the future tense and add the following endings:

-ais/-ais/-ait/-ions/-iez/-aient

Example:	*je regarderai*	I will watch
	je regarderais	I would watch
	nous irons	we will go
	nous irions	we would go

C Translate the following into French.

1   you would eat (*tu*)
2   I would go
3   they would choose (*ils*)
4   you would drink (*vous*)
5   you would sell (*tu*)
6   we ought to (*on*)
7   he would make
8   we would finish

D Choose the correct alternative each time to form sentences in the conditional.

Si elles étaient plus consciencieuses, . . .

1   elles (reliraient / relisaient) tous les textes après les cours.
2   elles (avaient / auraient) toujours tout l'équipement nécessaire.
3   elles (n'oublieront / n'oublieraient) jamais leurs devoirs.

4 elles (écoutaient / écouteraient) attentivement le prof.

5 elles (suivraient / suivront) tous ses conseils.

6 elles ne (causeront / causeraient) plus en classe.

Si nous voulions être plus riches, . . .

7 nous (travaillons / travaillerions) de plus longues heures.

8 nous (prendrions / prenons) moins de jours de vacances.

9 nous (achetions / achèterions) une voiture moins puissante.

10 nous (vendrions / vendions) les bijoux de tante Agathe.

11 nous (économiserions / économisions) le plus possible.

12 nous (n'aurions / n'aurons) aucuns goûts de luxe.

E Choose a verb from the box and put it in the conditional to fill each gap.

Que ferait un bon écolo?

1 Il _____ sans exception du papier recyclé.

2 Il _____ autant de déchets ménagers que possible.

3 Il _____ au lieu de prendre un bain.

4 Il _____ un tas de compost dans le jardin.

5 Il n'_____ pas de sacs en plastique.

6 Il _____ à pied pour toutes les petites distances.

7 Il _____ toujours les transports en commun.

8 Il ne _____ jamais.

9 Il _____ des produits verts pour faire le ménage.

10 Il n'_____ rien dont il n'a pas vraiment besoin.

| aller se doucher se servir de choisir avoir prendre |
| acheter fumer recycler utiliser |

F Fill the gaps to complete the statements about what people would do if they were more environmentally aware.

Alain

On (1) _____ de notre mieux pour ne pas gaspiller l'électricité. Par exemple, (2) j'
_____ la lumière en sortant d'une pièce, je (3) _____ dans une seule casserole

quand c'est possible et je ne (4)
_____ jamais un plat chaud dans le frigo. Bien sûr, je
(5) _____ le chauffage central.

| éteindre mettre faire cuisiner baisser |

Philippe

Si tu réfléchissais un peu tu (6) _____ la voiture au garage et tu (7) _____ du co-voiturage avec tes voisins. Tu
(8) _____ des économies et en même temps, tu (9) _____ moins l'atmosphère.

| faire faire polluer laisser |

Juliette et Alain

Nous ne (10) _____ plus de plats préparés. Nous (11) _____ le temps de cuisiner et nous ne (12) _____ plus tant d'emballages à la poubelle. Il
(13) _____ juste faire un petit effort!

| falloir jeter vivre trouver |

Murielle

Si les jeunes étaient plus raisonnables, ils
(14) _____ leurs courses avec un panier, donc ils (15) n'_____ pas besoin d'un tas de sacs en plastique. Ils
(16) _____ des produits verts pour le ménage, ils (17) _____ bio et ils
(18) _____ les matières putrescibles sur le tas de compost au fond du jardin.

| acheter manger avoir jeter faire |

G Translate these sentences into French on a separate sheet of paper.

1 If I ate more fruit and vegetables, I'd be healthier.

2 We ought to switch the light out when we leave a room.

3 If my neighbours went to work together, they would save money.

4 If you watched less TV, you'd have more time to cook.

More verb forms

The subjunctive

E1, p125, 127
E1 Grammar: 9.3, p163

Reminder

◆ One reason for using the subjunctive is after certain common conjunctions.

A Circle the conjunction and underline the subjunctive. Translate the sentences into English on a separate piece of paper.

1 J'aurai fini avant que tu reviennes.
2 J'attendrais que tu sois prêt.
3 Je l'aime beaucoup, bien qu'il soit difficile à comprendre.
4 Je t'expliquerai afin que tu puisses comprendre.
5 Je te ferai voir, pour que tu saches où il se trouve.
6 Tu réussiras à condition que tu travailles.
7 Nous le verrons, à moins qu'il ne vienne pas.
8 J'aimerais bien l'embaucher, pourvu qu'il ait de bonnes références.

Reminder

◆ The subjunctive is used after expressions of doubt such as *douter que, ne pas être sûr que, ne pas penser que*, and similar expressions. The ordinary indicative form is used if there is no doubt, for example after *ne pas douter que, être sûr que* and *penser que*.

B Circle the correct alternative.

1 Je pense qu'il (est / soit) un enfant difficile.
2 Nous doutons qu'il (vient / vienne).
3 Il ne pense pas que (c'est / ce soit) le cas.
4 Vous ne croyez pas que cela vous (fait / fasse) du bien?
5 Elles sont sûres que le prof les (comprend / comprenne).
6 Je ne suis pas convaincu qu'elles (ont / aient) raison.

Reminder

◆ To form the present subjunctive of most verbs, take the *ils* form of the present tense and add the endings: *-e/-es/-e/-ions/-iez/-ent*.

C Fill in the table, listing the present subjunctive of three common verbs.

aimer	lire	mettre
que j'aime	que je lise	que je mette
que tu	que tu	que tu
qu'il	qu'il	qu'il
que nous	que nous	que nous
que vous	que vous	que vous
qu'ils	qu'ils	qu'ils

D Fill the gaps using the subjunctive of the verb given.

1 Je ne pense pas qu'il _____ assez. (*lire*)
2 Je te l'offre, à condition que tu en _____ soin. (*prendre*)
3 Elle ne pense pas qu'ils _____ bien. (*choisir*)
4 Il perdra son billet à moins qu'il ne le _____ dans sa poche. (*mettre*)
5 Je ne suis pas sûr qu'il _____ mieux que moi. (*jouer*)
6 Tu pourrais conduire le soir à moins que tu ne _____ de l'alcool. (*boire*)
7 Il n'est pas sûr qu'elle _____ aujourd'hui. (*partir*)
8 Nous doutons qu'elle nous _____ à la gare. (*attendre*)
9 Je doute qu'elle se _____ intelligente. (*croire*)
10 Appelle-les avant qu'ils _____. (*venir*)

E What verbs do these irregular subjunctive forms come from?

Example: *j'aie   nous ayons   avoir*

1 je doive	nous devions	
2 je sois	nous soyons	
3 je fasse	nous fassions	
4 je puisse	nous puissions	
5 je prenne	nous prenions	
6 je vienne	nous venions	
7 je sache	nous sachions	
8 je veuille	nous voulions	

F Fill each gap with a subjunctive form of the verb given. Some are regular and some are irregular. La famille part en vacances afin . . .

1 . . . que Papa _____ se détendre. (*pouvoir*)

2 . . . que les enfants _____ du temps avec leurs parents. (*passer*)

3 . . . que Maman _____ un peu de repos. (*avoir*)

4 . . . que nous _____ des choses ensemble. (*faire*)

5 . . . que tout le monde _____ du temps pour soi. (*prendre*)

6 . . . qu'on _____ les problèmes de la vie quotidienne chez soi. (*laisser*)

7 . . . que nous _____ le temps de parler. (*avoir*)

8 . . . que la famille _____ ensemble pour une fois. (*être*)

Reminder

◆ The subjunctive is also required after expressions of opinion or emotion. Examples are listed in exercise G.

G Give the English for these expressions which are all followed by the subjunctive.

1 regretter que _____

2 être content que _____

3 vouloir que _____

4 ordonner que _____

5 il faut que _____

6 il est possible que _____

7 il est important que _____

8 il est dommage que _____

9 il est nécessaire que _____

10 il est préférable que _____

H Use a subjunctive form of one of the verbs in the box to fill each gap.

1 Je regrette qu'il ne _____ pas là.

2 Le docteur ordonne que son mari _____ au lit.

3 Il faut que vous _____ votre temps.

4 Est-il possible que nous _____ tort?

5 Il est dommage qu'il _____ renoncer à son poste.

6 Il est bien préférable que nous vous _____

7 Le chef est content qu'il _____ son stage ailleurs.

8 Je ne crois pas qu'il soit important que tu _____

rester	attendre	prendre	avoir	faire
être	devoir	venir		

I Translate these sentences into French.

1 He will come unless he has to work.

_____ .

2 It is possible that she is right.

_____ .

3 They don't think she is very capable.

_____ .

4 Do the work providing you have no difficulties.

_____ .

5 They doubt that it's a good idea.

_____ .

6 I want you to go together.

_____ .

J Turn each reason for introducing the Euro into a sentence which uses the subjunctive.

On a introduit l'Euro . . .

1 . . . bien que

_____

(il est difficile de s'y adapter)

2 . . . afin que

_____

(l'Europe a une monnaie forte.)

3 . . . pour que

_____

(la France peut rester compétitive)

4 . . . avant que

_____

(tout le monde est prêt à l'accepter)

5 . . . parce qu'on voulait que

_____

(la France fait comme les autres pays européens)

More verb forms

E1, p91
E1 Grammar: 10, 164

Reminder

◆ The present participle can be used to say how something is done or to describe two things which happen simultaneously:

Il faut réagir énergiquement en évitant de se battre.
You have to react energetically, while avoiding a fight.

A Underline the examples of the present participle and translate the sentences into English on a separate piece of paper.

1 Tu ne perdras jamais de kilos en mangeant tant de plats sucrés.

2 Elle court au moins 5 kilomètres chaque matin, tout en écoutant son i-pod.

3 Nous essayons de devenir plus souple en faisant des exercices deux fois par jour.

4 Il doit suivre un régime très strict tout en prenant des médicaments.

5 J'essaie d'éviter le stress en me relaxant tous les soirs.

Reminder

◆ The present participle is formed from the nous part of the present tense. Remove the *-ons* and add *-ant*.

◆ The three exceptions are *avoir* (*ayant*), *être* (*étant*) and *savoir* (*sachant*).

B Complete the table.

Infinitive	*nous* form (present)	present participle
regarder	nous regardons	en regardant
lire	nous	en
faire		
finir		
mettre		
attendre		

C Translate into French.

1 while waiting   en _____

2 not knowing   ne _____

3 by doing   en _____

4 by writing   _____

5 having   _____

6 being rich   _____

D Use a present participle of the suggested verbs to complete the sentences to say how something is done or to explain the reason for something.

On peut améliorer ses connaissances de la langue française en . . .

1 _____ les chaînes françaises. (*regarder*)

2 _____ des cassettes. (*écouter*)

3 _____ à un correspondant. (*écrire*)

4 _____ des exercices grammaticaux. (*faire*)

5 _____ un journal ou un roman. (*lire*)

6 _____ des films en langue française. (*voir*)

7 _____ du vocabulaire par cœur. (*apprendre*)

8 _____ la prononciation des Français. (*imiter*)

9 _____ passer quelque temps en France. (*aller*)

10 _____ des mots inconnus dans un dico (*chercher*)

Reminder

◆ The present participle can be used to replace an expression containing a relative pronoun.

Je vois beaucoup d'ados souffrant du racisme.
(= . . . *qui souffrent* . . .)

I see a lot of teenagers who suffer from racism.

E Underline the present participle and translate the sentences into English on a separate piece of paper.

1 Les filles, étant plus sensibles, sont plus concernées par ce problème.

2 Un spécialiste en boulimie est un médecin ayant au moins cinq ans de formation supplémentaire.

3 Les sportifs, faisant beaucoup plus d'exercices que les autres étudiants, ont besoin de plus de calories.

Depuis

E1 Grammar: 8.1, p157

Reminder

◆ Use *depuis* plus the present tense to express how long something has been going on:

J'apprends le français depuis six ans.
I have been learning French for six years.

A Choose the correct date for each statement.
1 L'Union européenne existe depuis (1957 / 1945).
2 L'Algérie est un pays indépendant depuis (1862 / 1962).
3 Molière est mort depuis (1580 / 1673).
4 On marque tous les prix en Euros depuis (1998 / 2000).
5 La Grande-Bretagne est membre de l'Union européenne depuis (1965 / 1974).
6 La Cinquième République existe depuis (1945 / 1958).
7 L'Académie Française existe depuis (1634 / 1851).

B Translate the sentences created above into English.
1 _____.
2 _____.
3 _____.
4 _____.
5 _____.
6 _____.
7 _____.

C Put the present tense of the prompt verb into the gaps and then translate the sentences into English.
1 Elle _____ à la banque depuis deux ans. (*travailler*)
She has been _____
2 Elle _____ un autre poste depuis trois mois. (*chercher*)
_____
3 Elle _____ sa situation avec son chef depuis quelques semaines. (*discuter*)
_____
4 Ses parents lui _____ des questions depuis des mois! (*poser*)
_____
5 Ses amis la _____ à prendre une décision depuis longtemps. (*pousser*)
_____

D Translate the statements a candidate makes at a job interview into French.
1 I've been working for my company for three years.
_____.
2 I've been learning German for eight years.
_____.
3 How long has the company existed?
_____.
4 How long have you been working in this office?
_____.
5 I've been looking for a new job for three months.

Reminder

◆ *Depuis* plus the imperfect tense is used to express how long something had been happening:

Il attendait depuis vingt minutes.
He had been waiting for 20 minutes.

E Translate into English.
Quand j'ai fait la connaissance d'Anna en 1999 . . .
1 elle vivait à Paris depuis deux ans.
_____
2 elle travaillait pour Air France depuis trois ans.
_____
3 elle apprenait le français depuis six ans.
_____
4 elle cherchait un nouvel appartement depuis quelques mois.
_____

F Translate into French.
1 How long had you been waiting before he arrived?
_____.
2 They had been working in Caen for two years.
_____.
3 She had been working in America for a week.
_____.
4 She had been writing to him for over a year.
_____.
5 How long had she known him before they got married?
_____.

More verb forms

The passive

E1, p101
E1 Grammar: 11, p164

Reminder

- In an active sentence, the subject 'does' the action of the verb:

  On met de nouveaux produits à notre disposition.

- In a passive sentence, the subject has something done to it:

  De nouveaux produits sont mis à notre disposition.

- The passive can be used when the subject of the verb is unknown. It can also be used for impact, *see above*, where *de nouveaux produits* is more prominent when it is the subject of the sentence.

A Tick the five sentences in which the passive is used.

1 Les jeunes ont toujours été très influencés par la télévision. ☐

2 Les émissions comme 'Des Chiffres et des Lettres' sont très populaires. ☐

3 Pourquoi tant d'heures sont consacrées à un passe-temps aussi inactif et asocial? ☐

4 Je trouve que trop d'émissions violentes sont transmises tôt le soir. ☐

5 Les jeunes découvrent le monde à travers les documentaires. ☐

6 On ne peut pas minimiser le rôle éducatif qui sera joué par les médias. ☐

7 Les jeunes téléspectateurs sont bombardés par un véritable raz-de-marée de clips publicitaires. ☐

8 Je dois conclure que l'influence de la télé sur les jeunes est plutôt positive. ☐

Reminder

- The passive in French is formed by part of the verb *être* and a past participle.

B Copy out the five phrases from exercise A which contain the passive and then say which tense the verb *être* is in.

Phrase	Tense
1	
2	
3	
4	
5	

C Now translate the five sentences you chose into English, underlining the passive construction in English, ie part of the verb 'to be' and a past participle.

1 _____.

2 _____.

3 _____.

4 _____.

5 _____.

D Match up the sentence halves.

1 Nos moments de temps libre . . . ☐

2 Un éventail de produits . . . ☐

3 Grâce au choix énorme de films, personne ne . . . ☐

4 A long terme, les cédéroms . . . ☐

5 Un nombre énorme d'utilisateurs . . . ☐

6 Une vaste gamme de sites nous . . . ☐

7 Je me sers de cédéroms, mais les livres ne . . . ☐

8 Dans l'avenir, le monde des affaires . . . ☐

9 Evidemment vous . . . ☐

a est mis à notre disposition.

b seront jamais tout à fait remplacés.

c sera de plus en plus touché par l'Internet.

d êtes accablé par la gamme de choix.

e est proposée.

f sont enrichis par les médias.

g est touché par l'Internet.

h seront remplacés par les DVD.

i sera oublié.

E Now translate the sentences into English, underlining the passive construction each time.

1 _____.

2 _____.

3 _____.

4 _____.

5 _____.

6 _____.

7 _____.

8 _____.

9 _____.

The passive

E1, p101
E1 Grammar: 11, p164

F Fill the gaps to form present tense passive sentences based on the prompt words.

1 Un quotidien _____ _____ tous les jours. (*publier*)

2 Un journal _____ _____ par le rédacteur. (*rédiger*)

3 Les articles _____ _____ par les journalistes. (*écrire*)

4 Les photos _____ _____ par les photographes. (*prendre*)

5 Les thèmes économiques _____ _____ par la section 'En Bourse'. (*traiter*)

6 Des idées variées _____ _____ au 'courrier des lecteurs. (*exprimer*)

7 Phosphore est un magazine qui _____ _____ aux jeunes. (*destiner*)

8 Des informations mondiales _____ _____ par l'Express. (*présenter*)

G Write sentences in the passive based on the prompts

Example:

Dans un journal régional / quelques pages / consacrer / aux événements internationaux

Dans un journal régional, quelques pages sont consacrées aux événements internationaux.

1 Le Figaro / choisir / ceux qui ont une tendance de droite

_____.

2 Le Monde / considérer / comme un journal sérieux.

_____.

3 Le Figaro / créer / en 1854

_____.

4 Les lecteurs de Libération / concerner / les problèmes sociaux

_____.

5 Des photos choquantes / quelquefois / publier / dans Paris Match.

_____.

H Rewrite these active sentences in the passive form, thus emphasising the subject of the new sentences.

1 Jean-Marc a créé une publicité choquante.
La publicité choquante

_____.

2 Ses collègues ont choisi un slogan ironique.

_____.

3 Mais qui a discuté la stratégie?

_____.

4 Cette campagne a perturbé nos clients.

_____.

5 Elle a choqué beaucoup de consommateurs.

_____.

6 Personne n'a admiré cette campagne cynique.

_____.

Reminder

◆ The passive is used more in English than it is in French, where it can sometimes sound clumsy. Three ways to avoid the passive in French are:

• using *on*

• using a reflexive verb

• using an 'active' sentence

I Translate these sentences into English using the passive, following the prompts.

1 On se souviendra toujours de ces merveilleuses vacances en Bourgogne. (will be remembered)

2 Le taux d'accidents de route a choqué la police. (was shocked by)

3 Les vacanciers se joignent aux habitants de la ville pour le carnaval. (are joined by)

J Write down which of the three ways mentioned is used in each sentence to avoid the passive.

1 _____

2 _____

3 _____

K Rewrite these sentences, avoiding the passive.

1 Le maire a été tué dans un accident de la route.

2 La police a été choquée par la conduite de quelques vacanciers.

3 Ces fatalités ne seront jamais oubliées.

4 Les faits ont été notés par la police.

5 Les vacances de plusieurs familles ont été ruinées par ces sinistres.

The negative

E1, p21
E1 Grammar: 12, p165–166

Reminder

- The negative is formed by putting *ne* and *pas* around the verb.

A Christophe is complaining about his new puppy's behaviour to a friend whose dog is very well-behaved. Turn Christophe's sentences into the ones his friend would say.

1 Il déchire les rideaux.
   Mon chien ne _____ .

2 Il ne dort pas dans son panier.
   _____ .

3 Il est très gourmand.
   _____ .

4 Il fait pipi partout.
   _____ .

5 Il mange les chaussures.
   _____ .

6 Il griffe les meubles.
   _____ .

Reminder

- Other negative forms are *ne . . . jamais* (never), *ne . . . rien* (nothing) and *ne . . . plus* (no more, no longer). These follow the pattern of *ne . . . pas*.

   Example: *Il ne joue plus au foot.*
   Ne . . . personne means 'nobody'. It can be used in the same way, or *personne* can be used at the start of a sentence and then *ne* comes before the verb.

   Examples:
   Il ne voit personne.
   Personne ne veut venir chez nous.

B A teacher is complaining about her pupils. Put the appropriate negative into each gap, following the prompts.

1 _____ ne pose de questions intelligentes. (nobody)

2 La moitié des élèves ne comprennent _____ . (nothing/anything)

3 C'est parce qu'ils n'écoutent _____ . (any more)

4 Il y en a qui ne font _____ . (nothing)

5 Il y en a même qui ne sont _____ présents! (never)

6 Il n'y a _____ qui fasse un effort. (nobody)

7 _____ ne va réussir aux examens. (nobody)

8 Ils ne seront _____ embauchés. (never)

Reminder

- When using a negative plus a noun, replace *un*, *une* or *des* with *de*.

   Example: *Elle ne mange pas de bonbons.*

C Translate into French.

1 She hasn't any money.
   _____ .

2 We haven't any ideas.
   _____ .

3 The school has no books!
   _____ .

4 There's no more tea.
   _____ .

5 He never writes letters.
   _____ .

Reminder

- *Ne . . . aucun* means 'no', 'none' or 'not a single one'.
   Il n'a aucun ami. He has not one friend.
   It is an adjective and agrees with the noun to which it refers.

D Fill the gaps with the correct version of *aucun* and translate the sentences into English.

1 Il n'a _____ idée.
   _____ .

2 Elle n'a _____ amie dans sa classe.
   _____ .

3 Tu as combien de frères? _____
   _____ .

4 Il n'y avait _____ poisson dans l'étang.
   _____ .

5 Tu ne réussiras jamais _____ examen!

Reminder

◆ *Ne . . . ni . . . ni . . .* means 'neither . . . nor'. Put the *ne* before the verb and the *ni* before the words to which they refer: *Il n'a ni mère ni père.*

E Translate into French.

1 I have neither the money nor the time.

_____.

2 She has neither children nor pets.

_____.

3 They eat neither meat nor fish.

_____.

Reminder

◆ *Ne ... que* means 'only'. In the present tense put it round the verb, but in the perfect tense put *que* after the past participle:
Elle n'attend que cinq minutes.
Elle n'a attendu que cinq minutes.

F Rewrite these sentences in the perfect tense on a separate sheet of paper.

1 Elle n'achète que des légumes bio.
2 Ils ne boivent que de l'eau fraîche.
3 Tu ne prends que de la glace à la vanille?

Reminder

◆ When using the negative with the perfect tense, put *ne* before the auxiliary and *pas, plus, jamais* or *rien* before the past participle: *Nous n'avons rien fait.*

◆ But *personne* goes after the past participle:
Nous n'avons vu personne.

G Complete the list of things which the family did not do while Mum was away for a few days.

1 faire la lessive / pas
Ils n'ont pas _____

2 nettoyer / rien
Ils _____

3 aider les voisins / pas
Ils _____

4 ranger après la boum / rien
Ils _____

5 faire les courses / pas Ils _____

6 manger / presque rien
Ils _____

Reminder

◆ When using the negative with a reflexive verb, use this pattern:

je ne me lève pas de bonne heure
je ne me suis pas levé de bonne heure

H Make these sentences negative.

1 Ils se lèvent.
Ils ne _____.

2 Elle s'habille.
_____.

3 Tu te dépêches?
_____.

4 Vous vous êtes couchés.
_____.

Reminder

◆ When using a negative with the imperative, you usually put *ne . . . pas* round the verb:
Ne touche pas.

◆ But with a reflexive verb in the imperative, follow this pattern: *Ne t'assieds pas.*

I Put these sentences into the negative using *ne . . . pas.*

1 Faites les exercices.
Ne _____.

2 Donne-moi ça.
Ne _____.

3 Lève-toi.
Ne _____.

4 Prends ton temps.
Ne _____.

Reminder

◆ When using an infinitive in the negative, put *ne* and *pas* before the verb:
Il est important de ne pas se lever trop tard.

J Finish the sentences on safety in trains according to the prompts on a separate sheet of paper.

1 Il est important de ne . . . (*perdre son billet*)
2 Il vaut mieux ne . . . (*attendre près des lignes*)
3 On vous conseille de ne . . . (*se pencher dehors*)

More verb forms

Infinitive constructions (1)

E1, p27
E1 Grammar. 7.1, p155

Reminder

◆ In a two-verb construction, the first verb depends on who is doing the action and the second verb is in the infinitive.

A List the English meaning of each of these verbs commonly found in two-verb constructions.

1 aimer _____
2 aller _____
3 entendre _____
4 faire _____
5 laisser _____
6 préférer _____
7 sembler _____
8 voir _____
9 devoir _____
10 pouvoir _____
11 vouloir _____
12 savoir _____

B Underline the dependent verbs in red and the infinitives in blue.

1 Ils adorent faire du ski, surtout en Suisse.
2 Mais ils détestent aller dans des stations de ski surpeuplées.
3 En plus, ils préfèrent partir en dehors des vacances scolaires.
4 Sinon on ne peut jamais trouver de pistes vides.
5 On doit toujours attendre et faire la queue.

C Build sentences based on the prompt words.

1 faire du ski / les enfants / savoir
   _____
2 ils / prendre des cours / aimer
   _____
3 aimer / je / voir/ les enfants / faire du ski
   _____
4 ils / parce que / se concentrer / faire des progrès / vouloir
   _____
5 sembler / ils / avoir peur / ne...pas /
   _____
6 pouvoir / laisser skier seuls / les / on
   _____

D Translate into French.

1 I can hear the children playing in the garden.
   _____
   _____.
2 They must be quiet in the house when I am working.
   _____
   _____.
3 But outside they can make plenty of noise!
   _____
   _____.
4 They seem to be enjoying themselves.
   _____
   _____.
5 Can you see them running around and jumping?
   _____
   _____.

Reminder

◆ Some verbs are followed by the preposition *à* plus an infinitive.

E Complete these sentences using verbal constructions of your choice.

1 J'ai aidé ma mère à
   _____.
2 J'aimerais bien apprendre à
   _____.
3 Tu as déjà commencé à
   _____.
4 Ils ne vont pas continuer à
   _____.
5 Elle s'est décidée à
   _____.
6 Ma sœur fait toujours attention à
   _____.
7 On m'a invité à
   _____.
8 Tu n'as pas pensé à
   _____.
9 N'hésitez pas à
   _____.

F Translate the sentences into French. For each you will require one of the verbs in the box.

1 It's starting to rain.
   _____.

2 Have you learned to speak Greek?

_____.

3 I wasn't expecting to see you.

_____.

4 I didn't succeed in finishing the book.

_____.

5 Did you think of sending her a card?

_____.

6 We invited them to borrow our holiday home.

_____.

7 She helped him to climb the stairs.

_____.

8 The children continue to make progress.

_____.

s'attendre à	inviter à	apprendre à	continuer à
commencer à	réussir à	aider à	penser à

Reminder

◆ Some verbs are followed by the preposition *de* and an infinitive.

G Supply the French meaning of these verbs.

1 to decide to   d_____ de
2 to try to   e_____ de
3 to finish (doing something)

   f_____ de
4 to forget to   o_____ de
5 to permit   p_____ de
6 to suggest   s_____ de
7 to refuse   r_____ de

H On a separate sheet of paper, translate the sentences into French, choosing verbs from the box.

1 Can we avoid doing it?

_____.

2 We have just visited Montpellier.

_____.

3 You must stop smoking!

_____.

4 What did they advise you to say?

_____.

5 Someone should prevent him from going.

_____.

arrêter de	conseiller de	empêcher de
éviter de	venir de	

I Fill the gaps using the verbs from the previous two exercises.

1 Tu lui as _____ _____ venir?
2 Tes parents te _____ _____ sortir jusqu'à minuit?
3 Pourquoi a-t-elle _____ _____ continuer?
4 On m'a _____ _____ faire un stage.
5 Tu dois _____ _____ poser trop de questions.
6 Pourquoi êtes-vous fatigué? Qu'est-ce que vous _____ _____ faire?
7 Les enfants _____ toujours _____ dire merci.

J Translate into French.

1 He has refused to see her.

_____.

2 What have you decided to do?

_____.

3 She ought to stop smoking.

_____.

4 We suggested going to Barcelona.

_____.

5 They must try to be more polite!

_____.

K Fill *à*, *de* or nothing into the gaps, as appropriate.

1 Mes parents me permettent _____ être assez indépendante.
2 J'ai donc appris _____ prendre des décisions seule.
3 Je ne dois pas _____ travailler à horaires fixes.
4 Si je refuse _____ faire un effort, j'aurai de mauvais résultats et ce sera ma faute.
5 Je n'hésite pas _____ demander un conseil à mes parents.
6 Je peux _____ toujours leur poser des questions.
7 Je peux être têtue quand j'ai décidé _____ faire quelque chose.
8 Mais j'évite _____ les faire enrager pour des petits détails.
9 Ils ne m'empêchent pas _____ faire les choses que j'aime.
10 Ils me laissent _____ prendre mes propres décisions.
11 Des fois, je trouve difficile _____ accepter les conséquences de mes actes.
12 Mais je sais qu'ils veulent _____ me voir heureuse.

More verb forms

A Underline all the two-verb constructions used in the text and list the main verbs in the three columns.

Thierry

Thierry pense être assez indépendant. Il fait partie d'une équipe de basket, ce qui lui permet de voyager pour des compétitions. Grâce à cette liberté, il apprend à devenir adulte.

Juliette

Elle n'a pas le droit de sortir en semaine et le week-end, elle doit rentrer avant minuit. Ses parents refusent de la traiter comme une adulte et elle commence à trouver ça injuste.

Olivia

Elle doit encore obéir à ses parents pour certaines choses. Elle peut sortir quand elle veut mais elle est obligée de dire où elle va et avec qui.

+ infinitive	+ *à* + infinitive	+ *de* + infinitive

Reminder

◆ Other expressions which are followed by the infinitive are *pour*, *sans*, *avant de* and *il faut*.

B Translate into French.

1 without paying

_____

2 before buying

_____

3 in order to see

_____

4 you have to come

_____

5 before going to the bank

_____

6 you have to practise

_____

7 without waiting

_____

8 before learning to drive

_____

9 in order to earn some money

_____

10 without having to ask

_____

C Translate into French.

1 You take the bus to go to Rennes.

_____.

2 Don't go without saying goodbye.

_____.

3 Find the timetable before leaving.

_____.

4 It might be necessary to wait an hour.

_____

Reminder

◆ Some verbs can be used with both *à* and *de*:

J'ai dit à Martin d'aller voir qui était à la porte.

Such verbs include *persuader, demander, ordonner, suggérer, prier, interdire,* and *défendre*.

D Translate into French.

1 I persuaded my mother to go to the concert.

_____.

2 She asked me to buy her a ticket.

_____.

3 They ordered the children to sit still.

_____.

4 We suggested to the vet that he telephone us.

_____.

5 He begged his friend to give him some money.

_____.

6 She forbade all her children to go to the party.

_____.

Reminder

◆ More verbs which take certain prepositions include:

followed by *à*:	followed by *de*:
encourager à	*suffire de*
pousser à	*cesser de*
inciter à	*risquer de*
autoriser à	*manquer de*
forcer à	*se contenter de*
obliger à	*menacer de*
se plaire à	*résoudre de*
consister à	*craindre de*
tendre à	*offrir de*
perdre son temps à	
avoir du mal à	
renoncer à	
se borner à	
tarder à	

E Put *à* or *de* into each gap.

1 On va l'obliger _____ passer l'examen?

2 Elle joue du violon, mais sa mère doit la pousser _____ s'exercer.

3 Il ne suffit pas _____ jouer une fois par semaine.

4 Elle a résolu _____ faire de son mieux.

5 Mais malheureusement, elle a tendance _____ paniquer!

6 Elle a du mal _____ comprendre qu'il vaut mieux ne pas paniquer.

7 Il faut l'encourager; sinon, elle risque _____ renoncer complètement.

F Choose a verb from the box for each gap and follow it by the required preposition. Remember to put it into the appropriate tense.

1 Quand as tu _____ _____ fumer?

2 Ne cours pas. Tu _____ _____ tomber.

3 Qui t'a _____ _____ le faire alors que tu ne voulais pas?

4 Elle a _____ _____ nous accompagner. C'est génial.

5 Comme j'ai mal à la tête! Les enfants n'ont pas _____ _____ crier.

6 J'ai essayé de l' _____ _____ apprendre le piano.

7 Qui vous a _____ _____ entrer par là?

8 Tu ne sors pas aujourd'hui. Tu dois _____ _____ rester à la maison.

9 Qui l'a _____ _____ faire cette bêtise?

10 Ils n'écoutent pas. Je _____ _____ leur parler.

cesser	risquer	perdre son temps	forcer
se contenter	autoriser	arrêter	offrir
encourager	inciter		

G Fill in the preposition (if any) required by each verb, then use it to write your own sentence.

1 avoir le droit _____

_____

2 autoriser _____

_____

3 continuer _____

_____

4 cesser _____

_____

5 savoir _____

_____

6 perdre son temps _____

_____

7 préférer _____

_____

8 renoncer _____

_____

9 arrêter _____

_____

10 menacer _____

_____

11 suffire _____

_____

12 obliger _____

_____

13 encourager _____

_____

14 devoir _____

_____

15 éviter _____

_____

More verb forms

Dependent infinitives

E1 Grammar: 7.1, p155

Reminder

◆ The verb *faire* can be used with another verb which is dependent on it to mean that you are having something done, as opposed to doing it yourself.
Example: se faire couper les cheveux
to have your hair cut.

A Underline the dependent infinitive constructions and then match the phrases to their translations.

1   Il faut faire venir un médecin. ☐
2   Faites-les entrer. ☐
3   Je dois faire nettoyer mon manteau. ☐
4   Le prof a fait apporter quelques stylos. ☐
5   Vous allez faire préparer des gâteaux? ☐

a   I must have my coat cleaned.
b   Have them shown in.
c   We must have a doctor called.
d   Are you going to have some cakes made?
e   The teacher had some pens brought in.

B Translate into English.

1   Où est-ce que tu t'es fait couper les cheveux?
    _____.
2   Nous allons faire peindre la maison cet été.
    _____.
3   Est-ce qu'on peut faire apporter les marchandises à la voiture?
    _____.
4   Tu devrais te faire expliquer les règles encore une fois.
    _____.
5   On va se faire servir un très bon dîner.
    _____.

Reminder

◆ A perfect infinitive is used to mean 'after having done something.' It is made up of *avoir* or *être* and a past participle.

C Underline the examples of the perfect infinitive and translate the sentences into English.

1   Après avoir mangé, il vaut mieux se reposer un peu.
    _____.

2   Que comptes-tu faire après avoir quitté l'école?
    _____.
3   Après avoir vu le film, ils sont allés à la crêperie.
    _____.
4   Qu'est-ce qu'il a fait après être parti?
    _____.
5   Après être rentrés, les garçons se sont installés devant le match.
    _____.
6   Après s'être décidée à le faire, elle n'a plus posé de questions supplémentaires.
    _____.

D Form sentences which use the *après avoir* construction. Make the necessary agreements.

1   finir les devoirs / ils / sortir
    Après avoir fini leurs devoirs, ils
    _____.
2   voir le match / elle / être déçu
    _____.
3   gagner le match / nous / faire la fête.
    _____.
4   marquer un but / il / tomber par terre
    _____.
5   être blessé / ils / être transporté à l'hôpital
    _____.
6   perdre la médaille / tu / faire quoi?
    _____.
7   dépenser tout / je / rentrer chez-moi.
    _____.
8   écrire la lettre / elle / aller à la poste
    _____.
9   acheter les ingrédients / ils / faire un gâteau
    _____.
10   inviter des amis / nous / nettoyer la maison de haut en bas
    _____.

Reminder

◆ Verbs using *être* plus a past participle in the perfect tense use *être* in the perfect indicative.
Example: *Il est parti → Après être parti . . .*

E Write a series of sentences to describe the sequence of events suggested by the prompts in the box. There is a mix of *avoir* and *être* verbs. The prompts are in the right order.

1   Après avoir quitté la maison, Lara est

_____

2   Après être allée _____
3   _____
4   _____
5   _____
6   _____
7   _____
8   _____
9   _____

quitter la maison	aller à l'arrêt d'autobus
attendre 5 minutes	monter dans le bus
composter son billet	traverser la ville
descendre du bus	marcher pendant 5 minutes
arriver au bureau	se faire un café

Reminder

◆ Reflexive verbs use *être* in the perfect infinitive, but remember the reflexive pronoun too.

Après m'être levé, je ...

Après s'être levée, elle ...

F Write sentences using the *'après s'être'* construction.

1   se lever / aller dans la salle de bains / il
    Après s'être levé, il est allé dans la salle de bains.

2   se laver / rentrer dans sa chambre / je

    _____.

3   se quereller / partir sans se parler / ils

    _____.

4   se réfugier chez elle / refuser d'ouvrir la porte / elle

    _____.

5   se faire bronzer / acheter des t-shirts blancs / nous

    _____.

6   se maquiller / partir pour la boum / elles

    _____.

G Translate into French.

1   What did you do after leaving London?

    _____.

2   We had a coffee after finishing work.

    _____.

3   After leaving the station the train stopped suddenly.

    _____.

4   Did you make progress after going to the course?

    _____.

5   Why didn't you ring after arriving home?

    _____.

6   What did they do after returning to Nice?

    _____.

7   Did they write to you after spending the weekend at your house?

    _____.

8   After climbing all the stairs he was exhausted.

    _____.

9   What did he do after walking on the beach?

    _____.

10   After buying the computer I had no money left.

    _____.

H Write a suitable beginning for each sentence in your own words. Use a perfect infinitive construction every time.

1   Après _____,
    elle a pu acheter tout ce qu'elle voulait.

2   Après _____,
    j'ai été interviewé à la télé.

3   Après _____,
    nous sommes rentrés à trois heures du matin!

4   Après _____,
    ils ont eu une mauvaise surprise.

5   Après _____,
    il est parti en courant.

Revision: more verb forms

A Use the suggested verbs in a present participle construction to complete the sentences.

Comment éviter le stress?

1 En _____ un peu tous les jours. (*se détendre*)

2 En _____ les heures supplémentaires. (*éviter*)

3 En _____ une attitude positive. (*avoir*)

4 En _____ assez d'eau! (*boire*)

5 En _____ du yoga. (*faire*)

6 En _____ de ses problèmes avec quelqu'un. (*discuter*)

7 En _____ qu'on ne peut pas tout faire. (*accepter*)

8 En _____ avant de se disputer avec les autres. (*réfléchir*)

9 En _____ assez. (*dormir*)

10 En _____ un médecin si nécessaire. (*consulter*)

11 En _____ sur une chose à la fois. (*se concentrer*)

12 En _____ chaque jour du temps pour soi. (*prendre*)

B Use a perfect infinitive construction to join each pair of sentences together.

1 Marc a vendu sa maison à la campagne. Il a acheté un appartement à Paris.
Après avoir

_____ .

2 Il s'est habitué au nouveau quartier. Il a commencé à faire la connaissance des voisins.

_____ .

3 Il s'est installé dans la capitale. Il a fait le tour de tous les monuments.

_____ .

4 Il a visité tous les quartiers. Il a décidé qu'il préférait le sien.

_____ .

5 Il a décoré sa chambre en bleu et or. Il a acheté de nouveaux meubles suédois.

_____ .

C Complete the sentences in the conditional to explain what people would do if they won the lottery.

1 Luc _____
(*acheter une Lamborghini*)

2 Michèle et François

_____
(*faire le tour du monde*)

3 Nous _____
(*partir à New York*)

4 Tu _____ ?
(*acheter un appartement*)

5 Elle _____
(*choisir de nouveaux bijoux*)

6 Vous _____
(*faire construire une résidence secondaire*)

7 Ils _____
(*prendre sa retraite*)

8 Je _____
(*être tout à fait content*)

D Parents are giving their small son some instructions before the babysitter arrives. Complete the sentences with verbs in the imperative.

1 _____ sage. (*être*)

2 _____ les dents. (*se brosser*)

3 _____ une douche. (*prendre*)

4 N' _____ pas de ranger tes jouets. (*oublier*)

5 Ne _____ pas trop tard. (*se coucher*)

E Charlène's mother is comparing her with a friend who can do no wrong. Translate what she says into French. You will need negative constructions like ne . . . pas, ne . . . plus, ne . . . jamais, etc.

1 She does not argue with her friends.

_____

2 She never fights with her brother.

_____

3 She doesn't insult anybody.

_____

4 If she is cross, she doesn't say anything.

_____

5 She no longer disobeys her parents.

_____

6 Nobody finds her disagreeable.

_____

F Give the French equivalent of each verb, noting what preposition, if any, is required if a second

1	to threaten	
2	to forget	
3	to waste one's time	
4	to permit, allow	
5	to seem	
6	to continue	
7	to stop	
8	to tend to	
9	to know how to	
10	to prevent	
11	to expect	
12	to invite	
13	to let	
14	to risk	
15	to prefer	
16	to learn	
17	to refuse	
18	to decide	
19	to advise	
20	to try to	
21	to want to	
22	to dare	
23	to finish	
24	to have to	
25	to be slow	
26	to see	
27	to succeed	
28	to avoid	
29	to suggest	
30	to give up	

G Rewrite the sentences following the prompts. You will need the subjunctive.

1 Le premier ministre le sait.
Je ne crois pas que le premier ministre _____

2 Je crois qu'il a raison.
Je ne crois pas qu' _____

3 Elle doit prendre une décision.
Il faut qu' _____

4 Il réussira s'il suit le mode d'emploi.
Il réussira à condition qu' _____

5 Vous croyez qu'elle prend un risque?
Vous ne croyez pas qu' _____ ?

6 Qu'est-ce qu'il faut faire?
Que voulez-vous que je _____ ?

7 Ils sont absents.
Il est dommage qu' _____

8 Je suis sûre qu'il peut le faire.
Je ne suis pas sûre qu' _____

H All the missing words are passive constructions. Choose a suitable verb from the box and complete the sentences.

The first five are in the present tense.

1 Combien de livres _____ _____ chaque année?

2 Et combien de journaux _____ _____ ?

3 La plupart des documentaires _____ _____ le soir.

4 Il me semble qu'une nouvelle station de radio _____ _____ chaque mois!

5 Trop de vedettes _____ _____ par les médias.

transmettre exploiter écrire lancer vendre

The remaining five are in the future tense. D'ici vingt ans, . . .

6 Est-ce que les livres _____ _____ par le multimédia?

7 Est-ce qu'un ordinateur _____ _____ à chaque élève?

8 Est-ce que les bibliothèques _____ _____ de leurs livres?

9 Est-ce que les livres scolaires _____ toujours _____

10 Est-ce que chaque salle de classe _____ _____ d'une vidéo interactive?

vider équiper remplacer fournir publier

Grammar for A2

The Future Perfect
E1, p131
E1 Grammar 8.14, p161

Reminder

◆ The future perfect is used to say what will have happened in the future. It is made up of the future tense of *avoir* or *être* and a past participle.

A Choose a suitable verb in the future perfect from the box to complete the description of life in the future.

   1 Aussitôt que nous nous _____ _____ à une nouvelle découverte, les scientifiques nous en annonceront une autre.

   2 Dès que j'_____ _____ un nouvel ordinateur, il sera démodé.

   3 Aussitôt que ma mère _____ _____ de la maison, la porte se fermera automatiquement à clé.

   4 Quand tout le monde _____ _____ un téléphone portable, nous pourrons nous appeler à toute heure.

   5 Quand les gens _____ _____ les bénéfices de la technologie, ils l'apprécieront davantage.

> aura acheté   auront compris   aurai choisi   sera
> sortie   serons habitués

Reminder

◆ When the future perfect is formed with *être*, the past participle has to agree with the subject of the verb. With *avoir* no agreements are needed unless there is a preceding direct object before the verb.

B Form the future perfect of the verbs to fill in the gaps in these sentences.

   1 Dès qu'il _____ _____ de la banque. (*rentrer*)

   2 Quand nous _____ _____ l'article. (*lire*)

   3 Aussitôt qu'ils _____ _____ de partir. (*décider*)

   4 Quand tu _____ _____ à Paris. (*partir*)

   5 Dès qu'elle _____ _____ ses devoirs. (*finir*)

   6 Quand je me _____ _____ du nom. (*se souvenir*)

   7 Aussitôt que j'_____ _____ l'adresse. (*trouver*)

Reminder

◆ The future perfect tense is often used with the future in a sentence.

C Look back at the sentences in exercise A and underline the verbs in the future tense.

D Now choose five sentence openings from exercise B and add a suitable ending to each, using verbs in the future tense.

   1 _____

   2 _____

   3 _____

   4 _____

   5 _____

E Complete these sentences with the appropriate tenses of the verbs given in brackets. In each sentence one verb is in the future perfect tense and one in the future.

   1 Quand les scientifiques _____ les OGM, il n'y _____ plus de faim dans le monde. (*développer, avoir*)

   2 Aussitôt qu'on _____ le gène de résistance au sida, il _____ possible de l'éliminer. (*identifier, être*)

   3 Dès que les généticiens _____ leurs recherches, les parents _____ choisir le bébé de leurs rêves. (*finir, pouvoir*)

   4 Quand on _____ plus de recherches, on _____ guérir les maladies héréditaires. (*faire, savoir*)

   5 Aussitôt que les médecins _____ à transmettre des gènes humains aux animaux, les greffes d'organes _____ plus faciles. (*réussir, devenir*)

The perfect conditional

E1 Grammar 9.2, p162

Reminder

◆ The conditional perfect is used to say what would have happened. It is made up of the conditional of *avoir* or *être* and a past participle.

A Complete the report on Martin, who has been convicted of his first crime, by writing in a suitable ending for each sentence. The phrases you need are given in the box below. Then translate the sentences into English.

1 Si les parents de Martin avaient été plus attentifs,

_____

_____

_____

2 S'il n'avait pas vu autant de vidéos violentes,

_____

_____

3 S'il avait mieux travaillé au collège,

_____

_____

_____

4 S'il avait réussi à trouver un emploi,

_____

_____

_____

> il serait peut-être allé à l'université
> il se serait moins ennuyé
> ils auraient remarqué qu'il avait des amis violents
> il n'aurait pas eu l'idée de se comporter de façon violente

B Form the conditional perfect of these verbs.

1	aller	elle
2	savoir	j'
3	voir	ils
4	se fâcher	il
5	pouvoir	tu
6	devoir	j'
7	vouloir	nous
8	partir	elles
9	arriver	le train
10	être	j'

Reminder

◆ A typical pattern for sentences with *si* is: the pluperfect tense is used after *si* and the conditional perfect in the other part of the sentence.

C Make up a suitable ending for each of these sentences. Use the verbs from exercise B.

1 Si elle avait acheté une voiture,

_____

_____.

2 Si mon père avait vu la lampe cassée,

_____

_____.

3 S'ils étaient allés en ville ce jour-là,

_____

_____.

4 Si nous avions vu l'affiche pour le film,

_____

_____.

5 Si je n'étais pas allé au match,

_____

_____.

Reminder

◆ The conditional perfect is often used in reported speech.

D Complete a social worker's account of his interview with Martin by choosing a suitable verb from the box below and putting it into the conditional perfect.

Martin a dit qu'il avait voulu devenir informaticien mais qu'il _____ passer trop d'examens. S'il avait bien réfléchi, il ne _____ pas _____ au supermarché avec Kévin, et il _____ de participer au vol. Il m'a assuré qu'il ne _____ jamais _____ de cette façon si Kévin ne s'était pas moqué de lui.

> devoir   aller   refuser   se comporter

The Passive

E1 Grammar 11, p164-165

Reminder

- In a passive sentence the subject has something done to it. The passive in French is made up of the appropriate tense of *être* and a past participle, which has to agree with the subject.

Present tense *Example:* *c'est fait* it's done

A Complete the sentences by filling in the passive form of the verb in the present tense. On a separate piece of paper translate them into English.

   1 Il paraît que la plupart des accidents _____ _____ par un conducteur qui a trop bu. (*causer*)

   2 Je _____ _____ par cet article. (*choquer*)

   3 Les statistiques qui _____ _____ ici sont affreuses. (*citer*)

   4 Certaines mesures _____ _____ par le gouvernement. (*envisager*)

   5 Une nouvelle loi _____ _____ pour combattre l'insécurité routière. (*proposer*)

Perfect tense *Example:* *ça a été fait* it was done

B Complete the sentences by filling in the passive form of the verb in the perfect tense.

   1 L'accident hier soir _____ _____ par un motocycliste âgé de treize ans. (*causer*)

   2 Une vieille femme _____ et _____ à l'hôpital. (*blesser, transporter*)

   3 Le jeune _____ et _____ à la gendarmerie. (*arrêter, emmener*)

   4 Ses parents _____ et eux aussi, ils _____ par les gendarmes. (*convoquer, interroger*)

Future tense *Example:* *ce sera fait* it will be done

C Complete the sentences by filling in the passive form of the verbs in the future tense. The infinitives are given in the box in the correct order.

A l'avenir, des zones piétonnes _____ _____ en centre-ville et les transports en commun _____ _____. Seuls les services d'urgence _____ _____ à circuler dans le centre. La ville ne _____ plus _____ par les gaz d'échappement. La vitesse _____ _____ à 20 km/h dans les quartiers résidentiels et des vélos de location _____ _____ à la disposition des citoyens. Toutes ces mesures _____ _____ par l'Union européenne, afin de créer un environnement qui _____ mieux _____ à la vie au 21e siècle.

> créer priviligier autoriser polluer limiter mettre subventionner adapter

D Complete the description of a town where Hollywood celebrities were filming by writing a suitable passive verb in the imperfect tense in each space. The verbs are given in the right order in the box.

Ce matin, tout était calme. Toutes les rues du centre ville _____ _____. Les bus _____ _____ de faire des détours et les voitures _____ _____ de circuler. Les touristes _____ _____ d'éviter la place de l'église. Même la boulangerie n'_____ pas _____.

Quelques piétons ont vu Madonna devant son hôtel, qui _____ _____ de son mari.

> fermer obliger interdire prier ouvrir accompagner

Imperfect tense *Example:* *c'était fait* it was done

Pluperfect tense *Example: ç'avait été fait*
it had been done.

E Rewrite the tour commentary in reported speech. You will need to change the verbs in the perfect tense into the pluperfect.

«Le château a été construit en 1570. La tour a été détruite par le feu en 1780, mais elle a été rebâtie après. Le château a été donné à l'Etat en 1951 et toutes les pièces principales ont été restaurées pendant les années 70. Au musée, il y a une exposition de tous les objets qui ont été trouvés pendant la restauration. »

Le guide nous a raconté que …

_____
_____
_____
_____
_____
_____

F Complete the following sentences with a passive form of the verb in brackets. Think carefully about which tense to use each time. Then translate the sentences into English on a separate sheet of paper.

1 Aujourd'hui, beaucoup de gens
_____ dans les accidents de la route. (*tuer*)

2 Il y a vingt ans, des autoroutes
_____ partout en Europe. (*construire*)

3 A cette époque, les transports en commun
_____ en faveur de la voiture individuelle. (*supprimer*)

4 Plus tard, on a pris conscience des problèmes qui _____ par cette politique. (*créer*)

5 Vers la fin du 20e siècle, une nouvelle politique des déplacements
_____. (*adopter*)

6 Les politiciens _____ par les écologistes, qui
_____ comme des excentriques quelques années auparavant. (*influencer, considérer*)

7 A l'avenir, le train et le bus
_____. (*favoriser*)

8 Dès aujourd'hui, les automobilistes
_____ à utiliser les transports collectifs. (*encourager*)

9 Dans vingt ans peut-être, la voiture actuelle
_____ par une voiture électrique. (*remplacer*)

10 En 2020, le rôle de la voiture
_____. (*limiter*)

Reminder

♦ The passive is used more frequently in English than in French. An English passive can be translated into French in four ways:
  1 by using the passive in French
  2 by using *on*
  3 by using an 'active' sentence
  4 by using a reflexive verb

G Study the following English sentences and the two suggested translations of each one. Write beside each French sentence whether it is type 1, 2, 3 or 4. Then tick the French sentence which you think sounds better in each case.

Example: The house was bought by a millionaire.
La maison a été achetée par un millionaire. __1__ ☐
Un millionaire a acheté la maison. __3__ ☑

1 Many medecines are bought every day.
  a Beaucoup de médicaments sont achetés chaque jour. _____ ☐
  b On achète beaucoup de médicaments chaque jour. _____ ☐

2 Champagne is often drunk at family celebrations.
  a Le champagne se boit souvent aux fêtes familiales. _____ ☐
  b Le champagne est souvent bu aux fêtes familiales. _____ ☐

3 The demonstrators were seen outside the town hall.
  a Les manifestants ont été vus devant la mairie. _____ ☐
  b On a vu les manifestants devant la mairie. _____ ☐

4 The MP was killed in an accident.
  a Le député a été tué dans un accident. _____ ☐
  b On a tué le député dans un accident. _____ ☐

The Subjunctive

Reminder

◆ To form the present subjunctive of most verbs, take the ils form of the present tense and add the endings *-e, -es, -e, -ions, -ez, -ent*. Some common verbs are irregular. The subjunctive is used after certain conjunctions and verb constructions to imply an element of doubt.

A Form the present subjunctive of these verbs.

1	venir	que je
2	boire	qu'il
3	vouloir	qu'elles
4	pouvoir	que nous
5	être	que tu
6	devoir	qu'elle
7	savoir	qu'ils
8	faire	que vous
9	comprendre	qu'ils
10	avoir	qu'il

B Use the verbs from exercise A to translate these phrases. You will need to change pronouns and the endings. Refer back to pages 62–3 on the subjunctive for help.

1 until he comes

2 so that you know (*tu*)

3 although he must

4 before you drink

5 although she wants to

6 on the condition that I do

7 provided she understands

8 although you have (*vous*)

9 so that we are

10 until they can

Reminder

◆ The subjunctive is also used after verbs such as *vouloir que, préférer que, avoir peur que, craindre que* and after constructions such as *il faut que, il est possible que.*

C Translate these sentences into French, using the constructions indicated.

1 You must all understand that racism is intolerable.
   Il faut que _____

2 I'm not sure that my parents are tolerant enough deep down.
   Je ne suis pas sûr que _____

3 Although we buy Japanese CD players and eat Italian pizzas, we don't like foreigners.
   Bien que _____

4 Many people fear that Europe is becoming more and more racist.
   Beaucoup de gens craignent que _____

5 It's important that politicians know the truth.
   Il est important que _____

6 Before the government can combat racism, people must recognise their own prejudices.
   Avant que _____

7 I don't think that foreigners have enough rights in our society.
   Je ne crois pas que _____

8 SOS RACISME wants everyone to recognise racist attitudes. _____

9 It's a pity that there are very few black presenters on television.
   Il est dommage que _____

10 It's possible that some immigrants want to remain separate.

Reminder

♦ The imperfect subjunctive, the past tense of the subjunctive, is rarely used. However, you need to be able to recognise it in formal written French.

D Study the following passage and underline all the verbs in the imperfect subjunctive. List them under the passage and translate them into English.

Pendant les années cinquante, il était important que les immigrés fussent prêts à s'adapter à la culture du pays d'accueil, afin qu'ils pussent s'intégrer à long terme. En effet, on doutait qu'ils fissent toujours l'effort nécessaire, on avait peur qu'ils changeassent trop la société. Beaucoup de parents ne voulaient pas que leurs enfants jouassent avec de petits noirs ou qu'ils allassent à la même école. Bien que les nouveaux venus apprissent vite la nouvelle langue et qu'ils ne parlassent qu'entre eux leur langue maternelle, il existait partout des préjugés inconcevables pour les Français d'aujourd'hui.

_____

_____

_____

_____

_____

_____

_____

E Complete the chart below. The verbs in the first column are all in the *il* form of the imperfect subjunctive. Choose the *ils* form from those given in the first box, and the infinitive of the verb from the second box.

		qu'ils fissent	faire
	qu'il fît	qu'ils fissent	faire
1	qu'il eût		
2	qu'il fût		
3	qu'il parlât		
4	qu'il crût		
5	qu'il dît		
6	qu'il allât		
7	qu'il sût		
8	qu'il pût		
9	qu'il dût		
10	qu'il vînt		

---

sussent   vinssent   parlassent   eussent   crussent
pussent   fussent   allassent   dissent   dussent

---

devoir   avoir   parler   venir   être   croire   dire   savoir
aller   pouvoir

Reminder

♦ The subjunctive is used where there is an element of doubt. The indicative is used after constructions where no doubt is implied.

F Complete each of the following sentences with the appropriate form of the verb in brackets in the present tense. You will need to decide each time whether to use the indicative or subjunctive mood.

1 Marco ne veut pas que sa sœur _____ avec un Algérien. (*sortir*)

2 Je pense que le maire _____ raison. (*avoir*)

3 Croyez-vous que nous _____ arrêter la mondialisation? (*pouvoir*)

4 Il est possible que les Français _____ plus tolérants qu'avant. (*être*)

5 Il est indisputable que le Front National _____ moins populaire. (*devenir*)

6 Bien que nous _____ des progrès sur le plan européen, beaucoup de gens restent sceptiques. (*faire*)

7 Il faut voter parce que le Parlement européen _____ des décisions importantes pour tous. (*prendre*)

8 Il est préférable que les criminels _____ en prison. (*aller*)

9 Espérons que les politiciens _____ résoudre ces problèmes. (*vouloir*)

10 Il me semble qu'il faut qu'elle _____ la vérité. (*savoir*)

Revision: A2 grammar

The Future Perfect

A Complete each gap in the following passage with a suitable verb from the box below in either the future or the future perfect tense, as appropriate.

Aussitôt qu'on _____ la vitesse des voitures, les rues _____ plus calmes. Quand les citadins _____ la nécessité de réduire la pollution, ils _____ volontiers les transports en commun. Dès qu'on _____ ses courses dans une zone piétonne, on n' _____ plus envie de revenir aux grandes rues pleines de voitures. Et quand la municipalité _____ des pistes cyclables, tout le monde _____ s'acheter un vélo!

> comprendre avoir limiter vouloir devenir faire utiliser créer

B Translate the following sentences into French, using the verbs in brackets.

1 As soon as Europeans have voted in the election, the new MPs will meet in Strasbourg. (*voter, se réunir*)

_____.

2 When I have finished my studies, I will look for a job in Europe. (*finir, chercher*)

_____.

3 When we have started to work together more often, Europe will be more united. (*commencer, être*)

_____.

The Conditional Perfect

C Complete the following sentences with verbs from the box in the conditional perfect.

1 Si les pays riches avaient réagi plus vite, le Tiers-Monde _____ moins de problèmes pendant les années 90.

2 S'il y avait eu moins de mannequins maigres, l'anorexie ne _____ pas _____ un problème si grave.

3 Si les médecins avaient été mieux payés, ils _____ _____ de faire la grève.

4 Les manifestants ne _____ pas _____ à Paris si le gouvernement les avait écoutés avant.

5 Si le Président de la République n'avait pas été europhile, la France ne _____ pas _____ dans la zone euro.

> devenir entrer avoir venir refuser

D Translate the following sentences into French using the verbs in brackets.

1 If the government had given more money to hospitals, the nurses would not have gone on strike. (*donner, faire*)

_____

_____.

2 Fast food would not have become so popular if consumers had not liked it. (*devenir, aimer*)

_____

_____.

3 If I had read the article about factories in the Third World, I would never have bought those trainers. (*lire, acheter*)

_____

_____.

The Passive

E Translate the following sentences into French. Think carefully about which tense of the passive to use each time, and whether it is better to avoid the French passive.

1 Millions of cars are sold every year.

_____

_____.

2 Too many people are influenced by advertisements for new cars.

_____

_____.

3 Our cities are polluted by exhaust fumes.

_____

_____.

4 Pollution is now considered (as) a serious problem.

_____

_____

5 In the past, buses were considered (as) old-fashioned.

_____

_____.

6 Car drivers were privileged.

_____

_____.

7 Suddenly, in the 1990s, different opinions were expressed.

_____

_____.

8 People talked about ideas which had been forgotten for a long time.

_____

_____.

9 Since then cycle tracks have been created in many towns.

_____

_____.

10 New tram lines have been built.

_____

_____.

11 People have been persuaded to use public transport.

_____

_____.

12 Priority has been given to pedestrians and cyclists.

_____

_____.

13 In ten years time, perhaps we will all be obliged to give up our cars.

_____

_____.

14 Our environment will be better protected.

_____

_____.

15 Fewer people will be killed and injured on our roads each year.

_____

_____.

The Imperfect Subjunctive

D In each of the following sentences decide whether the verb needs to be in the indicative or the subjunctive. Choose the correct verb from the alternatives suggested in brackets and write it in the gap. Then translate the sentences into English.

1 Isabelle doutait qu'on _____ créer une société sans tensions racistes. (*pouvait, pût*)

_____

_____.

2 Elle aurait préféré que les différents groupes _____ séparément. (*vivaient, vivissent*)

_____

_____.

3 Il aurait fallu que tout le monde _____ plus tolérant. (*était, fût*)

_____

_____.

4 Il était possible qu'il y _____ de la discrimination. (*avait, eût*)

_____

_____.

5 Il était évident qu'il y _____ des préjugés contre les immigrés. (*avait, eût*)

_____

_____.

6 Bien que les Français _____ leur cuisine nationale, McDonalds a connu un succès fou en France. (*aimaient, aimassent*)

_____

_____.

7 Il était certain que les grandes sociétés _____ vendre leurs produits à l'étranger. (*voulaient, voulûrent*)

_____

_____.

8 Il aurait fallu discuter de la mondialisation avant que certaines sociétés ne _____ trop puissantes. (*devenaient, devinssent*)

_____

_____.

9 Le directeur était convaincu que l'entreprise _____ adopter une stratégie globale. (*devait, dût*)

_____

_____.

10 Mais les employés préféraient que l'entreprise _____ son caractère individuel. (*gardait, gardât*)

_____

_____.

Revision of whole book

A Choose nouns from the boxes to complete the following passages. You will need to decide each time whether to use a singular or plural form and a definite or indefinite article.

1 Selon _____ récent, les Français ne mangent plus comme avant. _____ a connu un succès fou, surtout chez _____, qui aiment manger vite. Ils n'apprécient plus _____ traditionnels et ils ne veulent pas passer _____ à table. Ils préfèrent _____ de _____ à _____ de _____, et ils boivent plutôt _____ que _____ rouge.

repas	portion	coca	heure	sondage	boeuf
vin	fast-food	frite	jeune	rôti	

2 _____ américaine est très mauvaise pour _____. Elle contient trop _____ grasses et trop _____. Pour être sain, il faut manger beaucoup _____ et _____. Il semble que _____ ne mangent plus assez _____ et qu'ils achètent _____ préparés au lieu de cuisiner. On se demande si _____ mérite toujours sa réputation d'être _____ où on mange le mieux.

sucre	légume	France	santé	pain	plat	Français
nourriture	pays	fruit	matière			

B Complete the following passage by choosing a suitable adjective or adverb from the box to write in each of the gaps. You should use each word once only. Remember to make adjectives agree!

Les _____ médias jouent un rôle _____ dans la société _____. Il est _____ qu'ils remplacent _____ les médias _____ comme la presse _____. _____, pour ceux qui sont connectés, Internet offre de _____ avantages. On peut _____ s'informer sur n'importe quoi et on peut faire des achats à des prix _____. Mais pour _____ Français, Internet rend la vie plus _____. Les familles _____, qui n'ont pas d'ordinateur, sont _____. Il y a moins de _____ magasins _____ qu'avant et tout coûte plus _____. Les Français plus _____ aiment bien lire un journal _____, mais les jeunes préfèrent les actualités diffusées _____ sur Internet.

important évident difficile grand bas actuel
quotidien traditionnel certain petit nouveau
défavorisé cher âgé écrit pauvre spécialisé
facilement progressivement constamment
évidemment

C Translate the following sentences into French.

1 This new law is important for France's rural economy.

_____
_____.

2 Many old French cars are currently a major source of pollution.

_____
_____.

3 In modern hypermarkets you can find everything easily and quickly.

_____
_____.

4 Evidently the former prime minister wanted to help the poorest families.

_____
_____.

5 Ambitious students nowadays all hope to become famous lawyers or wealthy IT specialists.

_____
_____.

6 My grandparents love their quiet village, and the traffic noise in town is too loud for them.

_____
_____.

Pages 18–31

A Complete the gaps in the following passage with the correct form of *à* or *de* or with *en*, as appropriate.

_____ vrai dire, la plupart _____ Européens ne s'intéressent pas trop _____ environnement et gaspillent toujours trop _____ énergie. Ils habitent _____ plusieurs kilomètres _____ bureau ou _____ usine, donc ils vont _____ travail _____ voiture. Il y en a qui font du co-voiturage, ou qui utilisent les transports _____ commun, mais _____ général, ceux qui ont le permis _____ conduire n'ont pas envie de se priver _____ voiture individuelle. _____ la maison, beaucoup _____ familles recyclent les bouteilles _____ verre, mais il y a trop _____ déchets ménagers qu'on met _____ poubelle. _____ nos jours, peu _____ familles ont un tas _____ compost dans un coin _____ jardin, tout le monde utilise les sacs _____ plastique, et on ne sort que rarement _____ vélo ou _____ pied. Il faut changer les habitudes _____ gens, et les encourager à moins consommer _____ énergie et à utiliser moins _____ emballages. Déjà, _____ Allemagne, le recyclage fait partie _____ vie quotidienne. _____ Strasbourg _____ France, les voitures sont interdites _____ centre-ville. _____ plus _____ plus _____ experts revendiquent _____ pareilles mesures partout _____ Europe.

B Write out the following sentences replacing the nouns in bold with pronouns. Remember to add agreements if there is a preceding direct object in the perfect tense.

1 J'aime la télévision; je regarde **la télévision** tous les soirs.

_____.

2 << Le match était à la télévision hier soir. Avez-vous vu **le match**? >> << Mais moi, j'étais au **match!** >>

_____.

3 Les informations? J'ai trouvé **les informations** peu intéressantes.

_____.

4 << Avez-vous envoyé la carte à grand'mère? >> << Mais oui, j'ai envoyé **la carte à grand-mère** hier. >>

_____.

5 Quant à la politique, en France on s'intéresse beaucoup à **la politique.**

_____.

6 Savez-vous le nom **de l'hôtel**? Mon père ne se souvient plus **du nom.**

_____.

7 Nos parents partent en Alsace en été, mais nous n'avons pas envie d'accompagner **nos parents en Alsace.**

_____.

8 Nous avons écouté les propositions des candidats, et nous espérons discuter **des propositions** avec **les candidats** demain soir.

_____.

C Link these pairs of sentences using *qui, que, dont, où*.

1 Beaucoup de Français lisent 'Libération'. 'Libération' aborde les problèmes sociaux.

_____.

2 La pollution de l'air est un problème grave. Tout le monde en parle.

_____.

3 Il faut se servir de produits recyclés. Il est souvent difficile d'en acheter.

_____.

4 Nabila habite dans la banlieue marseillaise. On a rencontré Nabila au café.

_____.

5 Considérons le Québec. Le français est la langue officielle au Québec.

_____.

D Complete these sentences with the correct form of the appropriate pronoun from the box below.

1 Je lis avec intérêt les articles dans 'Le Nouvel Observateur' , et qui traitent le problème de chômage sont excellents

2 Sur la photo, j'ai reconnu l'homme avec _____ j'avais parlé à la banque.

3 Quant à l'Europe, il nous reste deux possibilités; _____ allons-nous choisir?

4 D'habitude, j'ai horreur des films américains, mais _____ que je viens de voir m'a beaucoup plu.

5 La pollution est un problème pour _____ il faut trouver une solution.

6 Les nouvelles routes françaises sont souvent meilleures que _____ qu'on construit en Angleterre.

lequel   qui   celui

A Complete the following sentences with the correct forms of the verbs in brackets in the **present** tense.

1   Les voyageurs _____ souvent des magazines. (*lire*)

2   Les experts _____ que nous _____ à vaincre le chômage. (*dire, commencer*)

3   Beaucoup de touristes _____ cette destination. (*choisir*)

4   Il _____ qu'on n' _____ plus de produits frais. (*paraître, acheter*)

5   Moi, je _____ à la plage, mais mes copains _____ aller à la montagne. (*aller, préférer*)

6   On _____ que les boissons alcoolisées _____ dans n'importe quel supermarché. (*savoir, se vendre*)

7   Je _____ que le gouvernement _____ réduire la pollution. (*comprendre, vouloir*)

8   Il _____ sans dire que nous _____ cesser de gaspiller l'énergie. (*aller, devoir*)

B Rewrite these sentences in the **perfect** tense.

1   Il prend la boîte et l'ouvre soigneusement.

   _____.

2   On nous entend parler dans la rue.

   _____.

3   Tous les Français apprennent l'anglais à l'école.

   _____.

4   Ma famille part en Grèce où nous louons une villa.

   _____.

5   Mes deux sœurs restent à la maison.

   _____.

6   Un accident se produit sur l'autoroute et deux personnes meurent.

   _____.

C Complete the following passage by writing in each gap a verb from the box in the **imperfect** tense. The verbs are given in the correct order.

Quand mes grand-parents _____ à l'école, ils n' _____ pas le même programme que nous. Ma grand-mère _____ le latin et le grec, et ne _____ que très peu de matières scientifiques. Les filles _____ travailler en silence et ne _____ pas discuter en classe. Mon grand-père, qui _____ à la campagne, _____ être en plein air et _____ toujours à l'école. Les cours ne l' _____ pas du tout, et à l'âge de douze ans, il ne _____ ni lire ni écrire. En fin de compte, un fils de paysan n'en _____ pas besoin à l'époque.

> aller avoir apprendre faire devoir pouvoir vivre préférer s'ennuyer intéresser savoir avoir

D Complete the following passage with the **perfect** or **imperfect** tense of the verbs given in brackets, as appropriate.

Il y a vingt ans, la plupart des Français (*fumer*) _____ et les cigarettes (*ne pas coûter*) _____ chères. On (*fumer*) _____ partout. Puis, les scientifiques (*découvrir*) _____ que le tabac (*donner*) _____ le cancer, et le gouvernement (*prendre*) _____ des mesures contre le tabagisme. Avant 1992, on (*avoir*) _____ le droit de fumer dans les restaurants, mais soudain une nouvelle loi (*obliger*) _____ les patrons de créer des espaces non-fumeurs.

La semaine dernière, notre reporter (*parler*) _____ avec des clients à ce sujet. Certains (*affirmer*) _____ que la loi (*faire*) _____ comprendre aux fumeurs qu'ils (*se comporter*) _____ d'une façon anti-sociale. Mais d'autres (*dire*) _____ que la loi (*représenter*) _____ une attaque à la liberté individuelle.

E Complete these sentences with an appropriate verb from the box in the **pluperfect** tense.

> ne pas voir tomber acheter entendre arriver devoir disparaître apprendre dire déjà partir

1   Patricia a réussi en anglais parce qu'elle

   _____ _____

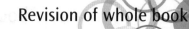

beaucoup de vocabulaire.

2 Le piéton a dû répéter plusieurs fois qu'il
_____ _____
l'accident.

3 Ce matin, j'ai raté le train parce que le bus
_____ _____ en retard.

4 Les voyageurs ont expliqué leur retard en disant
qu'ils _____ _____
passer à la douane.

5 Il a expliqué qu'il est arrivé en retard parce que
sa voiture _____
_____ en panne.

6 Les témoins ont dit qu'ils _____
_____ un bruit affreux et qu'on leur
_____ _____ de
quitter le bâtiment tout de suite.

7 Quand la police est arrivée, la vieille femme
_____ _____ à
l'hôpital et son agresseur _____
_____.

8 Hier, elle a perdu la montre qu'elle
_____ _____ la veille.

F Complete these sentences in the **future** tense.

1 Dans vingt ans, il y _____ moins de
pollution. (*avoir*)

2 Tout le monde _____ au travail à
pied. (*aller*)

3 Nous _____ tous des produits
verts. (*acheter*)

4 Nous ne _____ plus d'ordures dans
les rues. (*voir*)

5 On _____ se baigner dans la mer.
(*pouvoir*)

6 Les constructeurs _____ nous
proposer des voitures moins polluantes. (*devoir*)

7 De nouvelles lois _____ les forêts
tropicales. (*protéger*)

8 Chacun _____ de son mieux pour
l'environnement. (*faire*)

9 Nous _____ moins d'énergie.
(*consommer*)

10 Notre planète _____ sauvée! (*être*)

G Underline the verbs in the **past historic** tense in
this account and translate them into English.

Le vieillard se réveilla vers minuit et vit une lumière
dans l'escalier. Il prit sa lampe de poche, sortit de sa
chambre et descendit doucement dans la cuisine. Il y
entra et surprit le cambrioleur, qui poussa un cri et se
dirigea vers la fenêtre ouverte. Notre héros comprit
qu'il ne pourrait pas l'attraper seul, et il se mit à
crier. Heureusement pour lui, deux gendarmes qui
passaient devant sa maison l'entendirent et vinrent
l'aider. Ils arrêtèrent le jeune criminel et
l'emmenèrent à la gendarmerie.

H Complete the following sentences with a verb from
the box in an appropriate tense.

1 L'année prochaine, nous _____ au
Canada.

2 Après la guerre de 1962, l'Algérie
_____ indépendante.

3 Les écolos ont dit qu'ils _____ la
situation actuelle intolérable.

4 A l'avenir, l'Europe _____ plus unie.

5 Aujourd'hui, on _____ des progrès
dans ce domaine.

6 Elle est allée à la réception parce qu'elle
_____ son passeport.

7 Hier soir, je _____ un film à la
télévision quand il y _____ une
panne d'électricité.

8 L'Algérien a expliqué que lui et sa famille
_____ d'Alger l'année précédente.

9 De nos jours, les pères _____ les
responsabilités familiales.

10 J'espère que nos copains _____
dîner chez nous demain.

| ne pas voir tomber acheter entendre arriver |
| devoir disparaître apprendre dire déjà partir |

Pages 58–77

A Complete the following sentences using the **conditional** of the verbs in the prompts.

1 Si je regardais moins la télévision, …
sortir plus souvent

_____

faire plus de sport

_____

lire plus de livres

_____

2 Si mon frère n'avait pas d'ordinateur, …
jouer du piano

_____

ranger sa chambre

_____

pouvoir sortir avec ses copains

_____

3 Si mes parents ne devaient pas travailler, …
avoir plus de temps libre

_____

voir des amis

_____

être moins stressés

_____.

B Complete these sentences with the correct form of the **present subjunctive.**

1 Il est possible que les médias _____ trop puissants. (*être*)
2 Il est dommage qu'il y _____ autant de publicité à la télévision. (*avoir*)
3 Il faut que le Premier ministre _____ une décision. (*prendre*)
4 Croyez-vous que les feuilletons _____ nous influencer? (*pouvoir*)
5 On veut que nous _____ la vérité. (*savoir*)
6 Je doute que ces élèves _____ des progrès. (*faire*)
7 Nous allons à la plage à moins qu'il ne _____. (*pleuvoir*)
8 Bien qu'elle _____ aujourd'hui, elle n'a pas encore fait ses bagages. (*partir*)
9 Je préfère que le gouvernement _____ les films violents. (*interdire*)

C Decide whether a preposition is needed in the gaps in the following sentences, and write in à, de or nothing, as appropriate.

1 Je déteste _____ jouer au tennis.
2 Il s'est décidé _____ devenir végétarien.
3 Les étudiants commencent _____ devenir impatients.
4 Tout le monde espère _____ être heureux.
5 La police a empêché les voitures _____ circuler.
6 J'ai réussi _____ obtenir un billet pour ce soir.
7 Il vaut mieux _____ éviter _____ boire l'eau du robinet ici.
8 Elle a cessé _____ fumer et elle m'a conseillé _____ faire pareil.

D Write sentences in the perfect tense using the phrases below. Start each sentence with après and a perfect infinitive.
Example: manger une banane / jouer au tennis / ils
Après avoir mangé une banane, ils ont joué au tennis.

1 rencontrer des copains / aller au café / nous

_____

2 quitter l'école / s'ennuyer / elle

_____

3 se mettre en route / avoir un pneu crevé / elles

_____

4 terminer ses études / travailler à l'étranger / mon frère

_____

5 s'occuper des enfants / faire le ménage / je

_____

E Translate into French.

1 Be good and don't forget to phone me.

_____

2 Would you like to be famous?

_____

3 If I had more free time, I would never be bored.

_____

4 We all ought to think more about the environment.

_____.

5 Although she is English, nobody knows it.

_____

6 The ecologists want us to become 'greener'.

_____

7 It is possible that the government does not want us to understand the affair.

_____.

8 This problem has existed for several years.

_____.

Pages 78–85

A Complete the following sentences by writing a verb in the **future** or the **future perfect** tense in the gaps, as appropriate.

1   Aussitôt que le tremblement de terre _____, Médecins sans Frontières _____ aider les victimes. (*finir, aller*)

2   Quand la municipalité _____ des zones piétonnes, le centre ville _____ plus calme. (*créer, être*)

3   Dès qu'il _____ à l'hôpital on _____ l'opérer. (*arriver, pouvoir*)

4   Selon la nouvelle loi, on _____ les criminels en prison aussitôt qu'ils _____ leur premier crime. (*envoyer, commettre*)

5   Quand l'Europe _____ d'accord sur ce point, il y _____ une politique commune. (*se mettre, avoir*)

6   Je _____ en Algérie dès que les attentats terroristes _____. (*partir, cesser*)

B Complete this passage with verbs from the box in the **pluperfect tense** or the **conditional perfect**, as appropriate.

Quel trajet affreux! Si j'_____ qu'il y avait des travaux sur la N7, j'_____ l'autoroute. Mais là, j'_____ payer, et ça m'_____ presque 60 euros, donc j'_____ de prendre la route nationale. Quelle erreur! En prenant l'autoroute, j'_____ éviter les files d'attente et ma femme et moi, nous _____ à l'heure au mariage de notre nièce. Nous _____ sur une aire de repos en route, nous _____ un café et nous _____ un casse-croûte. Si j'_____ moins avare, nous _____ bon voyage, nous _____ le temps de bavarder avec les autres invités avant la cérémonie et nous _____ la jeune mariée arriver. Et nous ne _____ pas dans l'église avant la fin des offices.

> prendre avoir boire pouvoir entrer devoir
> s'arrêter savoir arriver coûter s'acheter décider
> faire voir être

C Rewrite these 'active' sentences in the **passive**, starting your new sentence with the noun in bold. Take care over tenses.

1   Un jeune automobiliste a causé **l'accident**.
_____.

2   On fabrique **ces produits** en France.
_____.

3   Un motocycliste a écrasé **le chien**.
_____.

4   On publiera **la lettre** dans le journal.
_____.

5   Les tracteurs avaient bloqué **la route**.
_____.

6   Le roi a fondé **l'université**.
_____.

D Complete this passage by filling in the correct forms of the verbs in the **present indicative** or **present subjunctive**, as appropriate. The verbs are given in the right order in the box.

Bien que les infirmières _____ mal payées et qu'elles _____ un travail difficile, certaines _____ qu'elles _____ leur profession. « Croyez-vous qu'on _____ un métier pour des raisons purement financières? » _____ Martine, 26 ans. « Quoique je _____ souvent travailler la nuit et que les patients _____ être très exigeants, je pense que cette profession _____ enrichissante. » Mais d'autres infirmières préfèrent qu'on _____ de les considérer comme des anges. Claude pense qu'on _____ souvent les vertus de ses collègues. « Il faut que l'on _____ que c'_____ un métier comme les autres, » explique-t-elle.

> être faire avouer aimer choisir demander devoir
> pouvoir être cesser exagérer comprendre être

E Translate into French on a separate sheet of paper.

1   As soon as the letter has arrived, I'll phone them.

2   If I had gone to Paris, I would have wanted to see the Eiffel Tower.

3   The church was restored in 2000 and the tower will be rebuilt next year.

Verb tables

Revision of whole book

infinitif		présent	passé composé	passé simple	futur simple	conditionnel	subjonctif
-er verbs	je/j'	parle	ai parlé	parlai	parlerai	parlerais	parle
	tu	parles	as parlé	parlas	parleras	parlerais	parles
parler	il/elle/on	parle	a parlé	parla	parlera	parlerait	parle
to speak	nous	parlons	avons parlé	parlâmes	parlerons	parlerions	parlions
	vous	parlez	avez parlé	parlâtes	parlerez	parleriez	parliez
	ils/elles	parlent	ont parlé	parlèrent	parleront	parleraient	parlent
-ir verbs	je/j'	finis	ai fini	finis	finirai	finirais	finisse
	tu	finis	as fini	finis	finiras	finirais	finisses
finir	il/elle/on	finit	a fini	finit	finira	finirait	finisse
to finish	nous	finissons	avons fini	finîmes	finirons	finirions	finissions
	vous	finissez	avez fini	finîtes	finirez	finiriez	finissiez
	ils/elles	finissent	ont fini	finirent	finiront	finiraient	finissent
-re verbs	je/j'	réponds	ai répondu	répondis	répondrai	répondrais	réponde
	tu	réponds	as répondu	répondis	répondras	répondrais	répondes
répondre	il/elle/on	répond	a répondu	répondit	répondra	répondrait	réponde
to answer	nous	répondons	avons répondu	répondîmes	répondrons	répondrions	répondions
	vous	répondez	avez répondu	répondîtes	répondrez	répondriez	répondiez
	ils/elles	répondent	ont répondu	répondirent	répondront	répondraient	répondent
aller	je/j'	vais	suis allé(e)	allai	irai	irais	aille
to go	tu	vas	es allé(e)	allas	iras	irais	ailles
	il/elle/on	va	est allé(e)(s)	alla	ira	irait	aille
	nous	allons	sommes allé(e)s*	allâmes	irons	irions	allions
	vous	allez	êtes allé(e)(s)	allâtes	irez	iriez	alliez
	ils/elles	vont	sont allé(e)s	allèrent	iront	iraient	aillent
avoir	je/j'	ai	ai eu	eus	aurai	aurais	aie
to have	tu	as	as eu	eus	auras	aurais	aies
	il/elle/on	a	a eu	eut	aura	aurait	ait
	nous	avons	avons eu	eûmes	aurons	aurions	ayons
	vous	avez	avez eu	eûtes	aurez	auriez	ayez
	ils/elles	ont	ont eu	eurent	auront	auraient	aient
battre	je/j'	bats	ai battu	battis	battrai	battrais	batte
to beat	tu	bats	as battu	battis	battras	battrais	battes
	il/elle/on	bat	a battu	battit	battra	battrait	batte
	nous	battons	avons battu	battîmes	battrons	battrions	battions
	vous	battez	avez battu	battîtes	battrez	battriez	battiez
	ils/elles	battent	ont battu	battirent	battront	battraient	battent
boire	je/j'	bois	ai bu	bus	boirai	boirais	boive
to drink	tu	bois	as bu	bus	boiras	boirais	boives
	il/elle/on	boit	a bu	but	boira	boirait	boive
	nous	buvons	avons bu	bûmes	boirons	boirions	buvions
	vous	buvez	avez bu	bûtes	boirez	boiriez	buviez
	ils/elles	boivent	ont bu	burent	boiront	boiraient	boivent
comprendre		*see* **prendre**					
to understand	je/j'	comprends	ai compris	compris	comprendrai	comprendrais	comprenne

*With verbs which take the auxiliary *être* in the perfect tense, the past participle agrees with *on* which is used to replace *nous*.

Revision of whole book

infinitif		présent	passé composé	passé simple	futur simple	conditionnel	subjonctif
conduire	je/j'	conduis	ai conduit	conduisis	conduirai	conduirais	conduise
to drive	tu	conduis	as conduit	conduisis	conduiras	conduirais	conduises
	il/elle/on	conduit	a conduit	conduisit	conduira	conduirait	conduise
	nous	conduisons	avons conduit	conduisîmes	conduirons	conduirions	conduisions
	vous	conduisez	avez conduit	conduisîtes	conduirez	conduiriez	conduisiez
	ils/elles	conduisent	ont conduit	conduisirent	conduiront	conduiraient	conduisent
connaître	je/j'	connais	ai connu	connus	connaîtrai	connaîtrais	connaisse
to know	tu	connais	as connu	connus	connaîtras	connaîtrais	connaisses
	il/elle/on	connaît	a connu	connut	connaîtra	connaîtrait	connaisse
	nous	connaissons	avons connu	connûmes	connaîtrons	connaîtrions	connaissions
	vous	connaissez	avez connu	connûtes	connaîtrez	connaîtriez	connaissiez
	ils/elles	connaissent	ont connu	connurent	connaîtront	connaîtraient	connaissent
craindre	je/j'	crains	ai craint	craignis	craindrai	craindrais	craigne
to fear	tu	crains	as craint	craignis	craindras	craindrais	craignes
	il/elle/on	craint	a craint	craignit	craindra	craindrait	craigne
	nous	craignons	avons craint	craignîmes	craindrons	craindrions	craignions
	vous	craignez	avez craint	craignîtes	craindrez	craindriez	craigniez
	ils/elles	craignent	ont craint	craignirent	craindront	craindraient	craignent
croire		*see* **voir**					
to believe	je/j'	crois	ai cru	crus	croirai	croirais	croie
devoir	je/j'	dois	ai dû	dus	devrai	devrais	doive
to have to/	tu	dois	as dû	dus	devras	devrais	doives
must	il/elle/on	doit	a dû	dut	devra	devrait	doive
	nous	devons	avons dû	dûmes	devrons	devrions	devions
	vous	devez	avez dû	dûtes	devrez	devriez	deviez
	ils/elles	doivent	ont dû	durent	devront	devraient	doivent
dire	je/j'	dis	ai dit	dis	dirai	dirais	dise
to say	tu	dis	as dit	dis	diras	dirais	dises
	il/elle/on	dit	a dit	dit	dira	dirait	dise
	nous	disons	avons dit	dîmes	dirons	dirions	disions
	vous	dites	avez dit	dîtes	direz	diriez	disiez
	ils/elles	disent	ont dit	dirent	diront	diraient	disent
dormir	je/j'	dors	ai dormi	dormis	dormirai	dormirais	dorme
to sleep	tu	dors	as dormi	dormis	dormiras	dormirais	dormes
	il/elle/on	dort	a dormi	dormit	dormira	dormirait	dorme
	nous	dormons	avons dormi	dormîmes	dormirons	dormirions	dormions
	vous	dormez	avez dormi	dormîtes	dormirez	dormiriez	dormiez
	ils/elles	dorment	ont dormi	dormirent	dormiront	dormiraient	dorment
écrire	je/j'	écris	ai écrit	écrivis	écrirai	écrirais	écrive
to write	tu	écris	as écrit	écrivis	écriras	écrirais	écrives
	il/elle/on	écrit	a écrit	écrivit	écrira	écrirait	écrive
	nous	écrivons	avons écrit	écrivîmes	écrirons	écririons	écrivions
	vous	écrivez	avez écrit	écrivîtes	écrirez	écririez	écriviez
	ils/elles	écrivent	ont écrit	écrivirent	écriront	écriraient	écrivent

Verb tables

Revision of whole book

infinitif		présent	passé composé	passé simple	futur simple	conditionnel	subjonctif
être	je/j'	suis	ai été	fus	serai	serais	sois
to be	tu	es	as été	fus	seras	serais	sois
	il/elle/on	est	a été	fut	sera	serait	soit
	nous	sommes	avons été	fûmes	serons	serions	soyons
	vous	êtes	avez été	fûtes	serez	seriez	soyez
	ils/elles	sont	ont été	furent	seront	seraient	soient
faire	je/j'	fais	ai fait	fis	ferai	ferais	fasse
to do/make	tu	fais	as fait	fis	feras	ferais	fasses
	il/elle/on	fait	a fait	fit	fera	ferait	fasse
	nous	faisons	avons fait	fîmes	ferons	ferions	fassions
	vous	faites	avez fait	fîtes	ferez	feriez	fassiez
	ils/elles	font	ont fait	firent	feront	feraient	fassent
falloir	il	faut	a fallu	fallut	faudra	faudrait	faille
to be necessary							
se lever	je	me lève	me suis levé(e)	me levai	me lèverai	me lèverais	me lève
to get up	tu	te lèves	t'es levé(e)	te levas	te lèveras	te lèverais	te lèves
	il/elle/on	se lève	s'est levé(e)(s)*	se leva	se lèvera	se lèverait	se lève
	nous	nous levons	nous sommes levé(e)s	nous levâmes	nous lèverons	nous lèverions	nous levions
	vous	vous levez	vous êtes levé(e)(s)	vous levâtes	vous lèverez	vous lèveriez	vous leviez
	ils/elles	se lèvent	se sont levé(e)s	se levèrent	se lèveront	se lèveraient	se lèvent
lire	je/j'	lis	ai lu	lus	lirai	lirais	lise
to read	tu	lis	as lu	lus	liras	lirais	lises
	il/elle/on	lit	a lu	lut	lira	lirait	lise
	nous	lisons	avons lu	lûmes	lirons	lirions	lisions
	vous	lisez	avez lu	lûtes	lirez	liriez	lisiez
	ils/elles	lisent	ont lu	lurent	liront	liraient	lisent
mettre	je/j'	mets	ai mis	mis	mettrai	mettrais	mette
to put	tu	mets	as mis	mis	mettras	mettrais	mettes
	il/elle/on	met	a mis	mit	mettra	mettrait	mette
	nous	mettons	avons mis	mîmes	mettrons	mettrions	mettions
	vous	mettez	avez mis	mîtes	mettrez	mettriez	mettiez
	ils/elles	mettent	ont mis	mirent	mettront	mettraient	mettent
mourir	je	meurs	suis mort(e)	mourus	mourrai	mourrais	meure
to die	tu	meurs	es mort(e)	mourus	mourras	mourrais	meures
	il/elle/on	meurt	est mort(e)(s)*	mourut	mourra	mourrait	meure
	nous	mourons	sommes mort(e)s	mourûmes	mourrons	mourrions	mourions
	vous	mourez	êtes mort(e)(s)	mourûtes	mourrez	mourriez	mouriez
	ils/elles	meurent	sont mort(e)s	moururent	mourront	mourraient	meurent
naître	je	nais	suis né(e)	naquis	naîtrai	naîtrais	naisse
to be born	tu	nais	es né(e)	naquis	naîtras	naîtrais	naisses
	il/elle/on	naît	est né(e)(s)*	naquit	naîtra	naîtrait	naisse
	nous	naissons	sommes né(e)s	naquîmes	naîtrons	naîtrions	naissions
	vous	naissez	êtes né(e)(s)	naquîtes	naîtrez	naîtriez	naissiez
	ils/elles	naissent	sont né(e)s	naquirent	naîtront	naîtraient	naissent

*With verbs which take the auxiliary *être* in the perfect tense, the past participle agrees with *on* which is used to replace *nous*.

Revision of whole book

infinitif		présent	passé composé	passé simple	futur simple	conditionnel	subjonctif
ouvrir	je/j'	ouvre	ai ouvert	ouvris	ouvrirai	ouvrirais	ouvre
to open	tu	ouvres	as ouvert	ouvris	ouvriras	ouvrirais	ouvres
	il/elle/on	ouvre	a ouvert	ouvrit	ouvrira	ouvrirait	ouvre
	nous	ouvrons	avons ouvert	ouvrîmes	ouvrirons	ouvririons	ouvrions
	vous	ouvrez	avez ouvert	ouvrîtes	ouvrirez	ouvririez	ouvriez
	ils/elles	ouvrent	ont ouvert	ouvrirent	ouvriront	ouvriraient	ouvrent
paraître		*see* **connaître**					
to appear	je/j'	parais	ai paru	parus	paraîtrai	paraîtrais	paraisse
partir		*see* **sentir**, *but with* **être** *in compound tenses*					
to leave	je	pars	suis parti(e)	partis	partirai	partirais	parte
pleuvoir	il	pleut	a plu	plut	pleuvra	pleuvrait	pleuve
to rain							
pouvoir	je/j'	peux	ai pu	pus	pourrai	pourrais	puisse
to be able/	tu	peux	as pu	pus	pourras	pourrais	puisses
can	il/elle/on	peut	a pu	put	pourra	pourrait	puisse
	nous	pouvons	avons pu	pûmes	pourrons	pourrions	puissions
	vous	pouvez	avez pu	pûtes	pourrez	pourriez	puissiez
	ils/elles	peuvent	ont pu	purent	pourront	pourraient	puissent
prendre	je/j'	prends	ai pris	pris	prendrai	prendrais	prenne
to take	tu	prends	as pris	pris	prendras	prendrais	prennes
	il/elle/on	prend	a pris	prit	prendra	prendrait	prenne
	nous	prenons	avons pris	prîmes	prendrons	prendrions	prenions
	vous	prenez	avez pris	prîtes	prendrez	prendriez	preniez
	ils/elles	prennent	ont pris	prirent	prendront	prendraient	prennent
recevoir	je/j'	reçois	ai reçu	reçus	recevrai	recevrais	reçoive
to receive	tu	reçois	as reçu	reçus	recevras	recevrais	reçoives
	il/elle/on	reçoit	a reçu	reçut	recevra	recevrait	reçoive
	nous	recevons	avons reçu	reçûmes	recevrons	recevrions	recevions
	vous	recevez	avez reçu	reçûtes	recevrez	recevriez	receviez
	ils/elles	reçoivent	ont reçu	reçurent	recevront	recevraient	reçoivent
rire	je/j'	ris	ai ri	ris	rirai	rirais	rie
to laugh	tu	ris	as ri	ris	riras	rirais	ries
	il/elle/on	rit	a ri	rit	rira	rirait	rie
	nous	rions	avons ri	rîmes	rirons	ririons	riions
	vous	riez	avez ri	rîtes	rirez	ririez	riiez
	ils/elles	rient	ont ri	rirent	riront	riraient	rient
savoir	je/j'	sais	ai su	sus	saurai	saurais	sache
to know	tu	sais	as su	sus	sauras	saurais	saches
	il/elle/on	sait	a su	sut	saura	saurait	sache
	nous	savons	avons su	sûmes	saurons	saurions	sachions
	vous	savez	avez su	sûtes	saurez	sauriez	sachiez
	ils/elles	savent	ont su	surent	sauront	sauraient	sachent

Verb tables

infinitif		présent	passé composé	passé simple	futur simple	conditionnel	subjonctif
sentir	je/j'	sens	ai senti	sentis	sentirai	sentirais	sente
to feel	tu	sens	as senti	sentis	sentiras	sentirais	sentes
	il/elle/on	sent	a senti	sentit	sentira	sentirait	sente
	nous	sentons	avons senti	sentîmes	sentirons	sentirions	sentions
	vous	sentez	avez senti	sentîtes	sentirez	sentiriez	sentiez
	ils/elles	sentent	ont senti	sentirent	sentiront	sentiraient	sentent
tenir		*see **venir**, but with **avoir** in compound tenses*					
to hold	je/j'	tiens	ai tenu	tins	tiendrai	tiendrais	tienne
venir	je	viens	suis venu(e)	vins	viendrai	viendrais	vienne
to come	tu	viens	es venu(e)	vins	viendras	viendrais	viennes
	il/elle/on	vient	est venu(e)(s)*	vint	viendra	viendrait	vienne
	nous	venons	sommes venu(e)s	vînmes	viendrons	viendrions	venions
	vous	venez	êtes venu(e)(s)	vîntes	viendrez	viendriez	veniez
	ils/elles	viennent	sont venu(e)s	vinrent	viendront	viendraient	viennent
vivre		*see **écrire***	*past participle:* **vécu**				
to live	je/j'	vis	ai vécu	vécus	vivrai	vivrais	vive
voir	je/j'	vois	ai vu	vis	verrai	verrais	voie
to see	tu	vois	as vu	vis	verras	verrais	voies
	il/elle/on	voit	a vu	vit	verra	verrait	voie
	nous	voyons	avons vu	vîmes	verrons	verrions	voyions
	vous	voyez	avez vu	vîtes	verrez	verriez	voyiez
	ils/elles	voient	ont vu	virent	verront	verraient	voient
vouloir	je/j'	veux	ai voulu	voulus	voudrai	voudrais	veuille
to want	tu	veux	as voulu	voulus	voudras	voudrais	veuilles
	il/elle/on	veut	a voulu	voulut	voudra	voudrait	veuille
	nous	voulons	avons voulu	voulûmes	voudrons	voudrions	voulions
	vous	voulez	avez voulu	voulûtes	voudrez	voudriez	vouliez
	ils/elles	veulent	ont voulu	voulurent	voudront	voudraient	veuillent

* With verbs which take the auxiliary *être* in the perfect tense, the past participle agrees with *on* which is used to replace *nous*.

The imperfect tense

Most verbs form the imperfect tense in the following way:

faire → nous fais~~ons~~ → fais-

faire			
je	**faisais**	nous	**faisions**
tu	**faisais**	vous	**faisiez**
il/elle/on	**faisait**	ils/elles	**faisaient**

Main exception = être:

être			
j'	**étais**	nous	**étions**
tu	**étais**	vous	**étiez**
il/ell/on	**était**	ils/elles	**étaient**

élan

Grammar Workbook Answers

Nouns and determiners

Gender; singular and plural nouns (pages 4–5)

A possible answers include: 1 pâté, pavé; 2 passage, message; 3 château, gâteau; 4 cortège, manège; 5 réalisme, socialisme; 6 fusée, vallée; 7 circulation, cotisation; 8 solitude, attitude; 9 conscience, science; 10 fatalité, personnalité

B 1 le 2 le 3 le 4 la 5 la 6 la 7 la 8 la

C 1 le 2 la 3 le 4 le 5 la 6 le 7 le 8 la 9 le 10 le

D 1 actrice 2 chanteuse 3 Anglaise 4 lycéenne 5 heroïne 6 infirmière 7 Canadienne 8 Parisienne

E 1 régions 2 enfants 3 bataille 4 prix 5 gaz 6 voix 7 pays 8 étudiants 9 bras 10 idée

F 1 chevaux 2 journaux 3 châteaux 4 feux 5 oiseaux

G 1 pantalon 2 vacances 3 progrès 4 politique 5 affaires

H 1 les sèche-cheveux 2 les lave-vaisselle 3 les grand-mères 4 les beaux-pères 5 les porte-monnaie

I habitants, villes, voitures, embouteillages, rues, avantages, distractions, théâtres/cinémas, théâtres/cinémas, transports.

Definite and indefinite articles (page 6)

A 1 la 2 des 3 les, le 4 la, les 5 une 6 la, une 7 la 8 une, un 9 des, le 10 la, le, le, la, des, la

B 1 Pierre est professeur. 2 Sophie voudrait être journaliste. 3 Paul ne veut pas devenir fonctionnaire. 4 Anne espère devenir avocate. 5 Martin fait des études pour devenir interprète.

C 1 <u>La</u> France est <u>un</u> beau pays. 2 <u>Les</u> touristes anglais l'adorent. 3 <u>Les</u> étrangers achètent souvent <u>une</u> vieille maison. 4 <u>La</u> vie en France est agréable. 5 <u>Les</u> transports en commun sont efficaces et <u>la</u> cuisine française est bonne.
1 France is a beautiful country. 2 English tourists love it. 3 Foreigners often buy old houses in the country. 4 Life in France is pleasant. 5 Public transport is efficient and French cooking is good.

D 1 La Suisse est un beau pays. 2 Les chocolats belges sont délicieux. 3 Les journalistes critiquent toujours les politiciens. 4 On peut acheter du vin français dans les supermarchés. 5 Les jeunes Français apprennent l'anglais à l'école. 6 La France joue au football contre l'Allemagne ce soir. 7 J'aime le sport, surtout le tennis. 8 J'aimerais étudier les maths ou l'histoire à l'université. 9 Mon père est ingénieur et ma mère est docteur. 10 Les étudiants ont souvent des problèmes financiers.

The partitive; possessive adjectives (page 7)

A 1 du 2 des 3 de l' 4 de la

B 1 de l'argent 2 des problèmes 3 des amis 4 de la neige

C 1 du 2 de la 3 de la 4 des

D des, des, de, de, de, des, du, d', de, de, de

E 1 sa, 2 nos, 3 leur, 4 mon, 5 son

F 1 mon opinion 2 son père 3 tes/vos amis 4 sa vie 5 notre gouvernement

G 1 son, son, ses, sa, son, sa, ses, leur 2 leur, leurs, leur, leurs 3 son, ses, mon, ma, nos, nos, notre, notre

Adjectives and adverbs

Agreement of adjectives; position of adjectives (pages 8–9)

A 1 important m sing 2 idéale, intelligente f sing 3 têtus m pl 4 bonnes f pl 5 familiale f sing, grande f sing

B 1 ambitieuse 2 égoïste 3 indépendante 4 catholiques

C absents, stressés, différente, souriante, patiente, sales, personnels, passionnantes, meilleure

D 1 vieille 2 bonne 3 fraîches 4 ancienne 5 belle 6 ambitieuse 7 sportive 8 nouvelle 9 blanche 10 première

E françaises, important, précédente, bonnes, intéressante, ambitieuses, heureuses, seules, traditionnelle, bon, familiales, actif, nouvelle, rigide, tolérante, adaptée, moderne

F unie, magnifique, important, difficile, surprenantes.
1 a united family 2 a wonderful view 3 an important factor 4 a difficult question 5 some surprising conclusions

G 1 un jour normal 2 une famille heureuse 3 les professeurs travailleurs 4 des examens importants 5 la musique forte 6 un cadeau généreux 7 une réponse fausse 8 les adolescents timides 9 mes amis sportifs 10 une crise permanente

H 1 grand 2 propres 3 nouveaux 4 belle 5 jolis 6 excellente 7 chers 8 vraie 9 jeune 10 mauvaise

I 1 un ancien professeur 2 un professeur ancien 3 ma chère tante 4 une voiture chère 5 mon pauvre frère 6 les gens pauvres 7 une grande actrice 8 un acteur grand 9 le dernier bus 10 l'année dernière 11 mon propre ordinateur 12 des vêtements propres

J possible answers include:
1 un petit village tranquille 2 une belle maison blanche 3 les grandes familles françaises 4 les jeunes partenaires

heureux **5** un vieil ami généreux **6** une nouvelle copine intelligente **7** un bon lycée ancien **8** les derniers devoirs difficiles **9** une jeune mère fatiguée **10** les pauvres personnes âgées

Comparative and superlative adjectives (page 10)

A **1** plus **2** moins **3** moins **4** aussi

B possible answers include:

1 Le tabac est aussi dangereux que le cannabis. **2** Les fumeurs sont moins malades que les drogués. **3** La natation est plus populaire que le ski. **4** Le football est plus passionnant que le snooker. **5** Le fast-food est moins sain qu'un repas traditionnel.

C **1** meilleure **2** pires **3** meilleure **4** pire **5** meilleurs

D **1** la plus **2** le plus **3** le moins **4** le plus **5** le plus

1 Mont Blanc is the highest mountain in Europe. **2** Cancer is the most serious problem today. **3** Retirement is the subject of least interest to young people. **4** Addiction to smoking is the most difficult problem to solve. **5** Anorexia is the most serious problem for girls today.

E **1** populaire **2** chers **3** intéressantes **4** réussie **5** violent

Demonstrative and indefinite adjectives (page 11)

A **1** cette **2** ce **3** cet **4** cette **5** ces **6** cet

B **1** ce problème –ci **2** ce point de vue-là **3** ces questions-ci **4** ces gens-là **5** ces réformes-ci

C cette, ce, ces, ce, cet, cette, cet, ces, cette, ce

D open-ended answer

E **1** toute f sing **2** tout m sing **3** tous m pl **4** tous m pl **5** toutes f pl

F **1** toute **2** tous **3** tous **4** tout

G **1** other problems **2** the same system **3** some solutions **4** something interesting

H **1** chaque famille **2** plusieurs solutions **3** chaque été **4** plusieurs journalistes

Interrogative adjectivs, quantifiers and intensifiers (pages 12–13)

A **1** quel **2** quelle **3** quels **4** quels **5** quel **6** quelles **7** quels **8** quelle **9** quel **10** quelles

B **1** quel **2** quelle **3** quelles **4** quel **5** quels

C **1** Quelle est votre opinion? **2** Quels politiciens admirez-vous? **3** Quels sont les avantages de ce système? **4** Quel pays préférez-vous? **5** Quelles destinations sont les plus populaires?

D **1** dans quelle région **2** à quelle heure **3** de quels problèmes **4** avec quels copains **5** dans quel livre **6** par quels moyens **7** jusqu'à quelle date **8** pour quelles raisons **9** de quelle couleur **10** de quel instrument

E **1** Le train arrive à quelle heure? **2** Dans quel journal avez-vous lu cet article? **3** Quels sports aimez-vous? **4** Quelle est la capitale de la Belgique? **5** Quel est votre moyen de transport préféré? **6** Quels inconvénients y a-t-il? **7** Quel baladeur avez-vous choisi?

F **1** très, very difficult **2** peu, not very important **3** tout à fait, completely honest **4** assez, fairly complicated **5** bien, nice

and cool **6** trop, too late **7** beaucoup plus, much faster **8** extrêmement, extremely dangerous **9** particulièrement, particularly interesting **10** de plus en plus, more and more often **11** de moins en moins, less and less enthusiastic **12** vraiment, really sorry **13** complètement, completely confused **14** absolument, absolutely necessary **15** d'autant plus, all the more serious

G **1** particulièrement intéressant/ tout à fait honnête **2** d'autant plus grave/ assez compliquée **3** extrêmement dangereux **4** de plus en plus souvent **5** complètement confus/de moins en moins enthousiastes

H free choice of answer

I **1** Les parents sont d'autant plus confus. **2** Les politiciens ont agi trop tard. **3** Les qualifications sont particulièrement importantes. **4** La société est beaucoup plus tolérante aujourd'hui. **5** Les parents sont beaucoup moins strictes qu'avant.

Adverbs (pages 14–15)

A **1** heureusement (luckily) **2** franchement (frankly) **3** doucement (gently, quietly) **4** lentement (slowly) **5** sérieusement (seriously)

B **1** facilement (easily) **2** rapidement (quickly) **3** tranquillement (calmly) **4** vraiment (really) **5** poliment (politely)

C **1** énormément **2** immensément **3** confusément **4** précisément **5** profondément

D **1** prudemment **2** brillamment **3** constamment **4** couramment **5** fréquemment

E **1** couramment **2** franchement **3** doucement **4** prudemment **5** sérieusement **6** constamment **7** énormément **8** lentement

F **1** bien **2** mal **3** gentiment **4** vite **5** assez **6** trop

G **1** vite **2** facilement **3** mal **4** mieux **5** précisément **6** fréquemment

H possible answers:

1 le plus vite **2** le moins fréquemment **3** le mieux **4** le plus facilement **5** le plus sérieusement **6** le mieux

I **1** combien **2** comment **3** comment **4** combien **5** comment

Revision (page 16)

A **1** natation **2** lycée **3** équipe **4** ville **5** voiture

B étudiants, langues, universités, connaissances, culture, journaux, pays, émissions, radio, mois, vacances, étranger, poste, hôtel, camping, touristes, interprète

C **1 – 2** les, la, les **3** la, de **4** le, une **5** de la, des, de, la **6** de, de la **7** un, le, les, la **8** du, un, le **9** –, des **10** un, d', de, la

D **1** ses voisins et leur maison énorme **2** notre village et ses anciens habitants **3** ma vie et ma situation actuelle **4** ta/votre région et ses châteaux anciens **5** sa soeur et son père

E **1** Sa tante est scientifique et son fils veut devenir médecin. **2** Les jeunes ne discutent pas souvent de la politique à la maison. **3** Nous avons fait des progrès excellents cette année. **4** Les touristes aiment toujours le thé anglais, mais moi, je préfère le café français. **5** La drogue et l'alcool causent beaucoup de problèmes dans notre société. **6** Cet aéroport sera très important pour l'économie de la région.

7 Avez-vous des informations au sujet de cet auteur/écrivain? 8 Je me souviens de ces étudiants-là, mais j'ai oublié le nom de leur professeur. 9 Les politiciens dans ce pays n'ont pas le temps de partir en vacances. 10 Ce vin-ci est meilleur que ce vin-là, et il coûte moins cher.

F 1 Les femmes ambitieuses désirent avoir une bonne carrière intéressante. 2 Le vieil homme à la barbe blanche est tombé dans la rue principale. 3 Mon pauvre frère maladroit s'est cassé la jambe droite. 4 Ma nouvelle copine française est partie trop tard et a raté le dernier bus. 5 L'ancienne secrétaire de mon meilleure amie est devenue skieuse professionnelle. 6 Les jeunes pères modernes acceptent les nouvelles responsabilités familiales avec grand plaisir.

G 1 facilement 2 vraiment 3 lentement 4 précisément 5 prudemment 6 fréquemment 7 mal 8 gentiment 9 doucement 10 légèrement

H 1 Peu de gens savent que le végétarisme est plus populaire ici qu'en Allemagne.

2 Tous les sondages indiquent que les fumeurs sont en pire forme que les non-fumeurs.

3 Plusieurs amis m'ont dit que les hôpitaux sont meilleurs en France qu'en Angleterre.

4 Pour certaines personnes, l'alcool est aussi dangereux que le tabac.

5 Les médecins disent de plus en plus souvent que le poisson est plus sain que la viande.

6 Chaque gouvernement voudrait aider les gens les plus pauvres.

7 Pour quel parti politique voterez-vous?

8 Quelles sont les statistiques les plus choquantes cette année?

9 Je mange les frites et le fast-food de moins en moins souvent.

10 Cette question est d'autant plus importante pour les jeunes.

Prepositions, conjunctions and pronouns

Prepositions à, de, en (page 18)

A 1 at 8 o'clock in the morning 2 to Bordeaux by bus 3 in the country, in town 4 15 kilometers from the town 5 from 9 o'clock to 5 o'clock 6 at midday, to the swimming pool, fit 7 in summer, on holiday, in/to Spain 8 at the same time, to the Netherlands

B 1 en 2 de 3 à 4 en 5 à 6 à 7 en

C en, à, en, de, en, à, de, à, à la

D 1 à l', à la 2 à la, au, à la 3 au, à la 4 à la

E 1 de, de 2 de la, du, des, du 3 du, du, de la 4 de, de l', de

F en, de, au, en, à la, au, de, de l', à, du, à la, de, en, à l', à, de, en, en, aux, à la, au, du, au, en, au, de, au, aux, aux, à, au, d', en

Conjunctions (page 19)

A 1 d donc therefore 2 e pourtant however 3 a puis then 4 h parce que because 5 f alors so 6 b quand when 7 c ou or 8 g mais but

B 1 sinon 2 depuis que 3 dès qu' 4 car 5 cependant

C possible answers include:

1 parce que, car 2 pourtant, cependant 3 parce que, car 4 pendant que 5 depuis que 6 depuis que, parce que 7 pourtant, mais

D 1 Je voudrais devenir médecin, pourtant je sais que c'est difficile.

2 Dès qu'il a fumé sa première cigarette, les problèmes ont commencé.

3 Pendant que ses amis regardaient la télévision, elle faisait ses devoirs.

4 Beaucoup de jeunes deviennent végétariens parce qu'ils aiment les animaux.

5 Il n'a pas beaucoup d'argent car/puisqu'il n'a pas d'emploi.

6 J'espère pouvoir aller en Amérique cet été; sinon je serai très déçu.

7 Le gouvernement doit trouver une solution, car ce problème nous concerne tous.

Prepositions (pages 20–21)

A 1 en face de, entre 2 dans 3 derrière 4 devant 5 sur, près de, sous

B 1 depuis 2 pendant 3 dès 4 depuis 5 avant 6 jusqu'à

C 1 avant midi 2 devant la gare 3 dès le début 4 pendant la nuit 5 après la guerre

D 1 selon son frère/chez Renault; According to his brother, Joseph has a new job as an engineer with Renault.

2 près de Lille/depuis trois semaines/vers la fin mai; He's been working near Lille for 3 weeks; he started around the end of May.

3 sans sa famille/chez une vieille dame; He went off without his family and he's renting a room in an old lady's house.

4 parmi ses collègues; There are several English people among his colleagues.

5 sauf; He gets on well with all the Britons except one; he's a Londoner who is hated by everyone.

6 pour deux ans/comme; Joseph plans to stay in Lille for 2 years, like most of his colleagues.

E –

F 1 au premier étage 2 avant tout 3 chez les jeunes 4 dans le train 5 dans quelques jours 6 de temps en temps 7 en sûreté 8 entre nous 9 jusqu'à présent 10 trois fois par jour 11 jusqu'à l'âge de 18 ans 12 sous mes yeux 13 en dessous de la moyenne 14 au dessus de la moyenne 15 à mon avis 16 au chômage 17 de nos jours 18 en route pour l'école 19 le weekend 20 le soir

G 1 au cinquième étage 2 dans une semaine 3 chez les politiciens 4 deux fois par mois 5 jusqu'à deux heures 6 entre amis 7 dans l'avion 8 en colère

H sans, au, depuis, de, sans, chez, par, avec, sans, sauf, par, chez, au, à, pour, dans, selon, jusqu'à, pour

I 1 En août, je commence un nouvel emploi à Arles en Provence.

2 Je pars pour Arles dans une semaine.

3 Pour moi, travailler à l'étranger est tout à fait normal.

4 Jusqu'à l'âge de dix ans j'ai habité en Belgique et je comprends le français sans difficulté.

5 Pendant les vacances, je vais souvent en France et je parle beaucoup avec des Français.

6 A mon avis, mon français est au dessus de la moyenne.

7 De nos jours, nous travaillons tous trop.

8 Les gens travaillent dans le bus ou dans le train en route pour le travail.

Personal and reflexive pronouns (page 22)

A 1 tu 2 vous 3 vous 4 vous

B 1 elle 2 elles 3 il 4 ils

C 1 De nos jours, on parle beaucoup des mères qui travaillent. 2 On dit que les mères veulent travailler. 3 Mais on ne sait pas si c'est vrai. 4 On ne doit pas cesser de travailler si on a un enfant. 5 On devrait créer plus de crèches.

D 1 m' 2 se, se, s' 3 se 4 me, me 5 nous 6 s' 7 s' 8 nous 9 s', me 10 m'

E 1 il se lève 2 ils s'habillent 3 je me lave 4 ils se sentent 5 nous nous amusons

F 1 il ne se lève pas 2 ils ne s'habillent pas 3 je ne me lave pas 4 ils ne se sentent pas 5 nous ne nous amusons pas

Direct object pronouns (page 23)

A 1 me; he looks at me 2 t'; I love you 3 le; she knows him 4 la; we see her 5 nous; they admire us 6 vous; she leaves you 7 les; I take them

B 1 la 2 l' 3 les 4 te 5 nous 6 vous

C 1 je ne les ai pas 2 il ne l'attend pas 3 je ne les écoute pas 4 je ne l'achète pas

D 1 nous voici 2 la voilà 3 la voici 4 vous voilà

E je l'ai acheté, je l'ai eue, Gérard les a trouvées, mes soeurs les ont achetées

F 1 Nabila est allée le voir. 2 Elle voulait la quitter. 3 Elle a essayé de l'expliquer. 4 Elle ne pouvait pas le payer. 5 Elle espérait les emmener en Bretagne.

Indirect object pronouns (page 24)

A Underline: m', leur, lui, nous, lui, m', m', nous, m', lui

My parents gave me a CD player.
I gave them some lovely books.
My father gave him a mobile phone.
My grandmother sent us some money.
I phoned her.
She talked to me
She told me that she would write to us in January
She asked me to lend her my walkman
I answered no

B 2 donner 3 envoyer 4 téléphoner 5 parler 6 dire 7 écrire 8 demander 9 prêter 10 répondre

C 1 Je leur ai parlé hier.

2 Nous lui avons demandé pourquoi.

3 Mon ami m'a prêté de l'argent.

4 Ils nous ont téléphoné la semaine dernière.

5 Tu lui as offert un cadeau.

6 Je t'ai dit la vérité.

7 Elle leur a écrit lundi.

D 1 Le professeur lui a dit … 2 Elle leur a demandé … 3 Elle lui a promis … 4 L'assistante anglaise leur a conseillé …

E 1 Mes parents me défendent de sortir pendant la semaine.

2 Ils me disent de rester à la maison et de faire mes devoirs.

3 La mère de Sophie ne lui permet pas de regarder la télévision.

4 Le père de Sylvain lui conseille de se coucher à neuf heures.

y and *en* (page 25)

A 1 Nous y passons les vacances. We spend our holidays there. 2 On y bronze. You tan there. 3 On y mange. You/we eat there. 4 J'y vais chaque soir. I go there every evening.

B 1 Je m'y intéresse I'm interested in them. 2 J'y pense souvent. I often think about them. 3 Mon frère y a renoncé. My brother has given it up. 4 Il s'y attend. He's waiting for it.

C 1 Le gouvernement y réfléchit. 2 Les jeunes s'y intéressent. 3 Nous nous y préparons tous.

D 1 b 2 c 3 a 4 d

E 1 Oui, j'en fais/Non, je n'en fais pas. 2 Oui, j'en ai eu./Non, je n'en ai pas eu. 3 Oui, il en a mangé./Non, il n'en a pas mangé. 4 Oui, ils en ont assez bu./Non, ils n'en ont pas assez bu.

F 1 Nous en rions. 2 L'Europe en profite. 3 Je m'en doute. 4 Le gouvernement en discute.

Position of pronouns (page 26)

A 1 Le directeur ne nous regarde pas. 2 Nous ne lui en parlerons pas ce soir. 3 Elle n'y va pas aujourd'hui. 4 Je n'en ai pas trop mangé.

B 1 L'entendez-vous? Do you hear him/her/it? 2 Les connais-tu? Do you know them? 3 Y pense-t-il? Is he thinking about it? 4 Leur a-t-elle offert un cadeau? Did she give them a present? 5 En parlez-vous? Do you speak about it?

C 1 Il veut les voir. 2 Nous espérons la quitter. 3 Je ne peux pas leur parler. 4 Ils ont envie d'y aller.

D 1 Je l'y prépare. 2 Je veux leur en parler. 3 J'ai l'intention de l'y preparer. 4 Mais d'abord j'espère les y retrouver.

E 1 Ne lui écris pas! 2 N'y allez pas! 3 N'en mangez pas! 4 Cherchez-le! 5 Quitte-moi!

Emphatic and relative pronouns (page 27)

A 1 moi 2 eux 3 nous 4 elle 5 elles 6 toi

B 1 sans moi 2 selon elle 3 après toi/vous 4 avec eux 5 chez lui 6 pour nous

C 1 ce sont eux 2 c'est lui 3 ce sont eux 4 ce sont elles

D 1 eux 2 elles 3 eux 4 toi

E 1a 2d 3b 4c

F qui, que, qui, que

Possessive and demonstative pronouns (page 28)

A 1 le tien 2 les nôtres 3 le sien 4 les leurs 5 la mienne 6 la vôtre 7 la leur

B 1 la mienne 2 les siens 3 les leurs 4 les nôtres 5 la vôtre

C 1 celui de son frère 2 celle qui est dans la vitrine 3 celles de ma mère 4 ceux qu'on achète chez le fermier

D 1 La statue à droite est vieille, mais celle que vous voyez devant vous est moderne.

2 Les vitraux sont beaux. Regardez celui qui est à gauche.

3 Ceux qui veulent visiter le château, suivez-moi s'il vous plaît.

4 Il y a une visite guidée en anglais pour ceux qui ne parlent pas français.

E 1 celles-ci, celles-là 2 celui-ci, celui-là 3 celle-ci, celle-là

Indefinite pronouns and interrogative pronouns (page 29)

A 1 quelque chose 2 quelqu'un 3 quelqu'un 4 quelque chose 5 quelque chose

B 1 quelque chose de différent 2 quelque chose de spécial 3 quelque chose de difficile 4 quelque chose d'important 5 quelque chose de beau

C 1 toutes 2 une autre 3 chacune

D 1 plusieurs 2 certains 3 quelques-uns 4 quelques-unes 5 n'importe quoi 6 n'importe qui 7 pas grand-chose

E 1 que 2 qui 3 quoi 4 qui

F 1 lesquelles 2 lequel 3 auquel 4 desquelles

Revision: prepositions, conjunctions, pronouns (pages 30–31)

A en, au, au, de, des, du, de la, en, au, à la, à l', de l', à la, de l', des, à la, au, des, aux, aux, de, des, en, de, à la, du, au, du

B 1 Il ne s'en souvient pas.

2 Les politiciens en discutaient la semaine dernière.

3 La plupart des gens ne s'y intéressent pas.

4 Beaucoup de fumeurs y ont renoncé.

5 Le Ministre de l'Education lui a écrit une lettre.

6 Nous y allons chaque année.

7 J'en ai acheté hier.

8 Le professeur ne le leur a pas expliqué.

9 Ma famille n'en a pas profité.

10 Le gouvernement pense à l'interdire.

C que, qui, dont, qui, où, qui, que, qui, qu', qui, qui, dont, qui, où, qui, qu'

D 1 eux 2 elles 3 vous, moi 4 lui 5 lui

E 1 le tien 2 les vôtres 3 le leur 4 la nôtre 5 les siennes

F 1 après minuit 2 dès le premier jour 3 jusqu'à huit heures 4 parmi les candidats 5 selon les parents 6 le matin 7 dans le bus 8 à son avis 9 en route pour la France 10 chaque soir

G 1 En hiver, je vais toujours en Espagne pendant que mes parents sont en Australie.

2 En général, nous les voyons plus souvent depuis qu'ils habitent à l'étranger.

3 Elle est végétarienne, pourtant, selon son copain, elle mange du poisson.

4 De nos jours, le végétarisme n'est rien de spécial.

5 Quel poste préfères-tu; celui à Paris ou celui au Havre?

6 Ces idées-là sont bonnes, mais celles-ci sont beaucoup plus intéressantes.

7 Jusqu'à l'âge de seize ans, tous les jeunes vont à l'école.

8 Parmi mes amis, quelques-uns sont au chômage; pourtant plusieurs sont allés à l'université.

9 A mon avis, n'importe qui peut apprendre une langue étrangère.

10 Quand je lui ai téléphoné hier soir, elle a dit qu'elle leur en parlerait.

11 L'étranger a demandé à un passant de l'aider à trouver son hôtel.

12 Les médecins nous conseillent de manger moins de viande et plus de fruits et de légumes.

13 Entre nous, je n'ai pas d'argent. Pourrais-tu m'en prêter cet après-midi?

14 Etes-vous sortis (or Es-tu sorti) au restaurant? Auquel?

15 Qu'est-ce que les autres en ont pensé?

The main tenses of verbs

The present tense: regular verbs, the infinitive (pages 32–3)

A 1 tu fais 4 je vais 5 tu prends 8 je préfère 9 tu dépenses

B 1e 2b 3d 4a 5f 6c

C 1 je joue/I play 2 tu écoutes/you listen 3 il danse/he dances 4 elle travaille/she works 5 on regarde/one watches 6 nous montons/we climb 7 vous parlez/you speak 8 ils commencent/they begin 9 elles adorent/they adore

D 1 Je choisis toujours du chocolat. 2 Tu réagis comment? 3 Il obéit toujours les règles. 4 Nous ralentissons au coin. 5 Saisissez le voleur! 6 Ils ne réfléchissent pas trop.

E 1 attends/Are you waiting for the bus? 2 descendez/You go down the main street. 3 vendent/They're selling their car. 4 entendons/We can't hear anything. 5 rend/He gives me the book back. 6 perds/I'm wasting my time here. 7 répond/she doesn't reply.

F mangeons/mangent; appelons/appellent/ achetons/achètent; espérons/espèrent; payons/paient

G 2 Travelling is interesting. 3 Revising, what a bore! 4 Waiting, I hate that! 5 Cooking? I haven't the time. 7 Epluchez les pommes. 8 Lavez les pommes de terre. 9 Cut into dice. 10 Cook for ten minutes.

H 1 rentre 2 préfère 3 écoute 4 appelle 5 décidons 6 parlons 7 choisit 8 passent 9 finissent

The present tense: irregular, modal and reflexive verbs (pages 34–5)

A 1 a 2 est 3 a 4 est 5 a 6 avons 7 sommes 8 a 9 sont 10 ont 11 ont 12 ont 13 avez 14 êtes

B 1 va/He's going alone. 2 fais/Are you going on a tour of the town? 3 vas/Are you going to see your sister? 4 vont/Are they going with you? 5 fais/I'm not doing anything! 6 fait/She's making a cake. 7 vais/I'm going straightaway. 8 faisons/We are doing our best. 9 allons/Shall we go together? 10 font/What are they doing?

C 1 veux/peux/dois 2 doivent/voulons/pouvons 3 veux/dois/peux/veux/peut

D 1 mets 2 met 3 prends 4 prenez 5 mettons 6 prenons
7 prennent 8 prends 9 mets 10 mettent

1j 2b 3f 4i 5c 6h 7g 8e 9a 10d

E 1 Tu pars? 2 Je viens. 3 Nous sortons. 4 Vous partez? 5 Elle vient. 6 Ils sortent. 7 Nous venons. 8 Tu sors? 9 Elles viennent. 10 Il part. 11 Je sors. 12 Tu viens?

F 1 nous levons 2 nous dépêchons 3 nous mettons 4 nous amusons 5 nous couchons

G 1 te lèves 2 m'habille 3 te brosses 4 m'occupe 5 se mettent

H 1 Tu prends (vous prenez) une bière? 2 Qu'est-ce qu'elle fait? 3 Ils ne veulent pas venir samedi. 4 Où est-ce que tu mets tes crayons? 5 Est-ce qu'ils peuvent voir la côte? 6 Nous devons rester à la maison? 7 Je vais à l'école à Rennes. 8 Elle est riche? 9 Il sait très bien nager. 10 Nous partons pour l'Italie demain matin. 11 Tu dois rentrer avant minuit. 12 Sophie a peur des araignées et des serpents.

The present tense: irregular verbs, modes of address and impersonal verbs (pages 36–7)

A 1 crois 2 buvez 3 crois 4 bois 5 voient 6 croit 7 buvons 8 vois 9 croient 10 boivent

B 1 sais 2 connaît 3 savez 4 sait 5 connaissons 6 connaissent 7 sais 8 savez 9 connaissez 10 sais

C 1 lisent 2 lis 3 lisons 4 lis 5 lit 6 lisent

D 1 dis 2 écris 3 rit 4 dites 5 rions 6 écrivez 7 écrit 8 disent

E 1 vit/How long has he been living in Paris?

2 battent/The French don't always beat the English at rugby!

3 conduit/He drives too fast.

4 courez/You run very slowly.

5 dorment/Do the children sleep well?

6 envoient/They send us postcard every year.

7 suivons/We always follow the instructions.

8 tiens/I am chairing a meeting today.

F 1 tu 2 vous 3 vous 4 tu 5 tu 6 vous 7 vous 8 tu 9 vous 10 vous

G 1 as-tu 2 êtes-vous 3 es-tu 4 avez-vous

H 1 il faudra/Do you think we should watch the weather report before leaving? 2 il vaut/Oh, yes, it's better to know what the weather will be like. 3 il fait/And if it is not going to be nice? What will we do? 4 il pleut/Well if it rains, there are always the museums.

I 1 Il nous manque d'euros. 2 Il s'agit d'argent! 3 Il faut aller à la banque. 4 Il me reste environ cent euros. 5 Il vaut mieux en avoir au moins deux mille! 6 Il paraît qu'il fait chaud là-bas en ce moment. 7 Il reste encore du temps 8 Il suffit de prendre des shorts et quelques t-shirts. 9 Il paraît qu'il y a trop de pollution à Athènes. 10 Il reste beaucoup à faire.

The perfect tense with *avoir* (pages 38–9)

A 1 ont visité – Sarah and Matthew visited Belgium last year.

2 ont pris – They took Eurostar to Brussels.

3 ont passé – They spent three nights in an Ibis hotel near the centre.

4 ont préféré – They preferred to eat in the restaurants on the Grande Place.

5 n'ont pas aimé – The centre was great, but they didn't like the suburbs.

6 n'ont pas eu – They didn't have time to visit the rest of the country.

7 ont réussi – But they managed to visit all the monuments in Brussels.

8 ont dû – They had to leave early on the morning of the fourth day.

9 a dit – Sarah said 'I have never seen such a beautiful city.'

10 a demandé/as visité – Matthew asked 'Have you visited any other European capital cities?'

B 1 ai 2 as 3 a 4 avons 5 avez 6 ont

C 1 choisi 2 décidé 3 passé 4 rempli 5 perdu 6 percuté 7 crié 8 entendu 9 continué 10 fini

D 1 eu 2 voulu 3 fait 4 pu 5 mis 6 pris 7 bu 8 lu 9 écrit 10 dormi

E 1 Elle a couru 10 kilomètres.

2 Elle a battu tous les records.

3 Il a ouvert le cadeau.

4 Les enfants ont suivi leur mère.

5 Ils ont dû aller à l'école?

6 Tu as vu (vous avez vu) l'article dans le journal?

7 Ils ont dit 'non' immédiatement.

8 Nous avons ri ensemble.

F 1 Elle n'a pas couru 10 kilomètres. 2 Elle n'a pas battu tous les records. 3 Il n'a pas ouvert le cadeau. 4 Les enfants n'ont pas suivi leur mère. 5 Ils n'ont pas dû aller à l'école?

G 2 Elle a lu trois romans. 3 Elle a mis une nouvelle robe pour la première fois. 4 Elle a participé à un concours. 5 Ele a vendu sa collection de timbres. 6 Ils ont été à un concert. 7 Ils ont dansé dans un spectacle. 8 Ils ont attendu un taxi jusqu'à trois heures du matin. 9 Ils ont vu un nouveau film. 10 Ils ont enregistré un CD au studio. 11 Nous avons chanté dans un club de jazz. 12 Nous avons écrit un poème. 13 Nous avons appris un peu d'allemand. 14 Nous avons eu un choc. 15 Nous avons dormi trois heures en tout. 16 Tu as perdu ton portable. 17 Tu as visité une exposition. 18 Tu as eu des nouvelles de Laurent. 19 Tu as manqué un concert de rock. 20 Tu as joué aux échecs.

The perfect tense with *être* (pages 40–1)

A il est sorti / il est allé / il n'est pas tombé / il est descendu

B 1 suis 2 es 3 est 4 sommes 5 êtes 6 sont

C arriver/partir; entrer/sortir; rentrer/retourner; aller/venir; monter/descendre; tomber/rester; devenir/revenir; naître/mourir

D 1 j'ai passé 2 avons nagé 3 a bien aimé 4 ont été 5 est allé 6 a préféré 7 est parti 8 j'ai trouvé

E 1 allés 2 tombée 3 partis 4 rentrée 5 restés 6 née 7 venue 8 restées

F 1 – 2 – 3 partis 4 allés 5 restés 6 allés 7 – 8 restés 9 –

G 1 suis I got washed. 2 es What time did you go to bed? 3 s' He brushed his teeth. 4 est She enjoyed herself 5 nous We had a rest. 6 vous Were you bored? 7 sont They got dressed. 8 se They got up.

H 1 Je me suis bien amusé(e) le weekend dernier.

2 Tu t'es ennuyée, Alice?

3 Les filles se sont lavées.

4 Elle s'est levée à cinq heures du matin!

5 Vous vous êtes bien reposé(e)s?

6 Il s'est couché tard.

7 Luc et Jean se sont brossés les dents.

8 Mon frère et moi, nous nous sommes très vite habillés.

I 1 La famille Suard a passé une merveilleuse semaine en Suisse.

2 Anne-Laure et Laurent ont fait du ski.

3 Leurs parents sont allés à Genève et à Basle.

4 Anne-Laure est tombée le premier jour.

5 Mais elle a continué à faire du ski et s'est très bien amusée.

6 Laurent aussi a profité de la neige.

7 Ils se sont couchés tôt et se sont levés tard tous les jours.

8 Ils sont retournés très détendus.

The perfect tense: past participle agreements (pages 42–3)

A 1 les devoirs / -s 2 les erreurs / -es 3 les erreurs / -es 4 un gros travail / – 5 la veste / -e 6 la (veste) / -e 7 la (veste) / -e 8 celle / -e

B 1 -e 2 -e 3 – 4 -es 5 -s 6 – 7 -s 8 -e 9 -s 10 es

C 1 passées 2 passé 3 choisi 4 choisis 5 aimées 6 aimé 7 vu 8 vus 9 faites 10 fait

D The five sentences are: 2 (-e) 3 (-e) 7 (-s) 8 (-) 10 (-s)

E 1 vue 2 téléphoné 3 provoqués 4 eue 5 perdus 6 déchirée 7 pris

F1 suis allée / j'ai rendu visite / est arrivé / n'ai pas pu / j'ai commencé / je me suis amusée / a passé / j'ai participé / a fait / s'est baigné / j'ai pris

F2 est arrivée / n'a pas compris / a dû / a demandé / a su / s'est perdue / a acheté / a laissées / est partie / l'a revue / les a pas retrouvées

F3 a voulu / j'ai pensé / a repris / s'est habituée / a (tout) mangé / a dormi / s'est pas enrhumée / se sont baignées / a (même) pris / a refusé

F4 a emmené / ai expliqué / a emmenés / ont débarqué / ont vu / m'a dit / ont appris

The imperfect tense (1) (pages 44–5)

A 1 habitiez – Where did you live? 2 aviez – How many children did you have? 3 travailliez – Did you both work? 4 gagnait – How much did a typical worker earn at that time? 5 alliez – Where did you go on your holidays? 6 faisiez – What did you do to relax? 7 mangeait – Did people eat the same things as they do today? 8 étiez – Were you happy?

B 1d 2j 3g 4c 5a 6h 7f 8e 9i 10b

tricotait / déjeunaient / jouait / partaient / se disputait / attendait / faisaient / téléphonait / prenait / commandaient

C 1 nous regardons – je regardais – I watched / was watching

2 nous achetons – tu achetais – you bought/were buying

3 nous parlons – il parlait – he spoke/was speaking

4 nous jouons – elle jouait – she played/was playing

5 nous lisons – on lisait – we read/were reading

6 nous buvons – nous buvions – we drank/were drinking

7 nous allons – vous alliez – you went/were going

8 nous faisons – ils faisaient – they did/were doing

9 nous disons – elles disaient – they said/were saying

D 1 savais 2 faisais 3 venait 4 croyions 5 aviez 6 prenaient

E 1 j'étais 2 étais 3 était 4 étions 5 étiez 6 étaient

F 1 mangeait 2 écoutait 3 dessinait 4 se battaient 5 dansait 6 déchiraient 7 criait 8 travaillions

G 1 mangeait 2 choisissait 3 prenait 4 fumait 5 faisait 6 buvait 7 dormait 8 était

H1 1 étaient 2 allaient 3 avait 4 travaillaient 5 lavaient 6 balayaient 7 cuisinaient

H2 1 étions 2 jouions 3 faisions 4 avions 5 représentait 6 buvait 7 aimait 8 mangeait

H3 1 me gavais 2 grignotais 3 songeais 4 passais 5 me couchais 6 faisais 7 allais 8 avais 9 pesais

The imperfect tense (2) (pages 46–7)

A1 1 faisait 2 pouvions 3 allions 4 passions 5 rentrions 6 nous reposions 7 reprenions 8 sortions 9 mangions

A2 1 étions 2 allait 3 servait 4 commandait 5 recevait 6 était 7 commençais 8 avais

A3 1 aimaient 2 pouvait 3 voulait 4 prenaient 5 partaient 6 passaient 7 faisaient 8 dînaient 9 se couchaient

B 2 Il faisait beaucoup de fautes. 3 Il ne prononçait pas tout parfaitement. 4 Il n'était pas fort en grammaire. 5 Il ne comprenait pas tout ce qu'on lui disait. 6 Il lisait avec difficulté. 7 Il ne connaissait pas de chansons françaises. 8 Il ne savait pas de poèmes par coeur.

C 1 Ils écoutaient les infos en français.

2 Ils lisaient des journaux.

3 Ils étudiaient les structures grammaticales.

4 Ils apprenaient du vocabulaire par coeur.

5 Ils ne parlaient que du français.

6 Ils faisaient des exercices.

7 L'après-midi ils faisaient des excursions.

D 1 est née 2 est mort 3 a vécu 4 habitaient 5 a commencé 6 aimait 7 a eu 8 étaient 9 a décidé 10 n'avait 11 a trouvé 12 s'ennuyait 13 a décidé 14 est partie 15 a trouvé 16 était 17 passait 18 était 19 prenait / voulait 20 a fait/était/ travaillait 21 sont tombés 22 se sont mariés 23 ont fêté

E 1 Jacques jouait au golf quand quelqu'un a cassé la fenêtre. 2 Jacques promenait le chien au parc pendant qu'un voleur a pris mon vélo. 3 Un voyou a menacé une vieille dame pendant que Jacques révisait chez lui. 4 Jacques était en vacances dans la Vendée quand les bijoux ont été volés. 5 Jacques passait la nuit chez des amis quand la voiture a été incendiée.

F 1 Mon voisin était végétarien. 2 Il disait toujours qu'il n'aimait ni la viande, ni le poisson. 3 Mais je l'ai vu une fois manger une saucisse. 4 Il était à un barbecue et il parlait avec une jeune femme élégante. 5 Il l'a mis dans sa bouche sans la regarder. 6 Il l'a avalé. Puis il a crié, 'Qui a mis ça sur mon assiette lorsque je parlais avec Gisèle?' 7 Il n'est jamais encore venu chez nous.

The pluperfect tense (pages 48–9)

A 1h 2d 3e 4b 5a 6c 7g 8f

B 2 She wrote a good essay in English because she <u>had learned</u> lots of vocabulary.

3 She burnt her finger in Science because she <u>had not followed</u> the teacher's advice.

4 She arrived late because she <u>had missed</u> the bus.

5 She didn't do PE because she <u>had forgotten</u> her trainers.

6 She was told off by Madame D'Authier because she <u>hadn't done</u> her homework properly.

7 She had a quarrel with Caroline because the latter <u>had not telephoned</u> her as promised.

8 At lunchtime she had to go home because she <u>had forgotten</u> her dinner money.

C 1 Il m'a dit qu'il avait fait son premier concert à l'âge de dix ans.

2 Il m'a dit qu'il avait chanté pour le Président de la République.

3 Il m'a dit qu'il avait gagné plus de dix millions d'euros.

4 Il m'a dit qu'il avait signé des milliers d'autographes.

D 1 ... il avait marqué son premier but à l'âge de deux ans. 2 ... il avait toujours été doué. 3 ... il n'avait jamais perdu un match. 4 ... il avait joué cent fois pour la France. 5 ... il avait toujours voulu être célèbre.

E 1 Même à trois ans, elle avait mis les vêtements de sa mère.

2 Elle s'était toujours maquillée avec soin.

3 Cette année, elle était allée à toutes les collections parisiennes.

4 Elle avait refusé de présenter les collections prêt-à-porter.

5 Elle avait voyagé partout dans le monde.

F 2 avait été 3 avait eu 4 avait perdu 5 avait quitté 6 s'était ... passé 7 avait obtenu 8 avait congédiée 9 avait été 10 avait travaillé 11 avait décidé 12 s'était améliorée

G 1 Récemment, elle a pris l'avion à Madrid, alors qu'autrefois, elle n'avait pas voyagé hors de son village.

2 Récemment, elle a utilisé un portable, alors qu'autrefois, elle s'était servi du téléphone au bureau.

3 Récemment, elle a fait des recherches sur le web, alors qu'autrefois, elle avait fait des recherches à la bibliothèque.

4 Récemment, elle a travaillé avec des clients américains, alors qu'autrefois, elle avait eu des clients uniquement français.

5 Récemment, elle a mangé un casse-croûte à midi, alors qu'autrefois, elle avait toujours pris deux heures pour le déjeuner.

6 Récemment, elle a pris des petits déjeuners d'affaires, alors qu'autrefois, elle avait commencé le travail vers neuf heures.

H 1 Hier matin, Mlle Dubois n'est pas venue au bureau parce qu'elle avait eu mal à la tête la nuit d'avant.

2 La semine dernière, les ordinateurs étaient en panne parce que l'équipe d'entretien n'était pas venue à l'heure.

3 Le mois dernier, on a perdu le contrat car le directeur de vente l'avait laissé dans le train.

4 M Charles n'était pas à la réunion hier matin car il s'était endormi dans son bureau.

5 Les représentants n'ont pas pu participer à la conférence-vidéo de la semaine dernière parce que la machine était tombée en panne.

6 M Bosset n'a pas pu parler aux nouveaux clients car il était déjà parti pour les Etats-Unis.

7 Personne n'est allé à l'exposition à Paris parce que l'expo avait été annulée.

Direct and indirect speech (pages 50–1)

A 1 Il dit qu'il est en train de faire ses bagages. 2 Il dit qu'il a deux grandes valises. 3 Il dit qu'il prend un taxi à la gare. 5 Il dit qu'il compte manger en route. 6 Il dit qu'il espère arriver vers cinq heures. 7 Il dit qu'il a son portable sur lui.

B 1 Il demande si je peux l'aider avec ses bagages. 2 Il demande si on va rentrer tout de suite chez nous. 3 Il demande combien de temps ça met. 4 Il demande quelle marque de voiture que l'on a. 5 Il demande où exactement se trouve notre village.

C 1 Il demande ce qu'on mangera. 2 Il demande ce qu'on verra comme film ce soir. 3 Il demande ce qu'on fera ce weekend.

D 1 Il s'habille. 2 Il range sa chambre. 3 Il cherche ses affaires. 4 Il se met en route. 5 Il rencontre ses copains. 6 Ils bavardent. 7 Ils lui racontent des histoires. 8 Ils lui expliquent les devoirs.

E 1 Elle a dit qu'elle avait décidé de renoncer à son travail.

2 Elle a expliqué qu'elle avait souhaité profiter de son enfant entièrement.

3 Elle a ajouté qu'elle avait préféré ne plus avoir d'heures fixes.

4 Elle a dit qu'elle avait voulu consacrer son temps à sa famille.

5 Mais elle a affirmé qu'elle avait trouvé les réactions négatives des autres bizarres!

6 (Elle a expliqué) qu'elle avait dû reprendre son poste pour des raisons financères.

7 (Elle a dit) qu'elle avait trouvé une très bonne nourrice.

8 (Elle a affirmé) qu'elle avait repris le travail six mois après la naissance de son fils.

9 (Elle a admis) qu'elle n'a pas voulu être mère au foyer.

10 (Elle a affirmé) qu'elle avait choisi de garder son indépendance.

F 1 ... elle avait déjà fait du baby-sitting. 2 ... elle avait travaillé comme jeune fille au pair. 3 ... elle avait été monitrice dans une colonie de vacances. 4 ... elle avait toujours eu un bon rapport avec les enfants. 5 ... elle avait fait un cours de secourisme.

G L'année dernière, ils étaient arrivés à Barcelone et ils avaient tout de suite fait de nombreuses visites et participé à de nombreuses réunions. Le directeur de ventes avait réussi à bien présenter les produits à l'exposition. Il avait vendu plus que jamais et il s'était mis en contact avec des clients intéressants. On leur avait proposé de nouveaux projets et on avait signé des contrats.

H 1 … elle s'était bien amusée pendant la visite. 2 … c'était la première fois qu'elle était allée en Normandie. 3 … elle avait bien aimé la visite à Giverny. 4 … elle avait toujours voulu voir le jardin de Monet. 5 … elle avait toujours admiré ses peintures. 6 … nous étions déjà allés en Normandie.

The past historic (pages 52–3)

A dire/she said; rencontrer/she met; avoir/he had; oser/he didn't dare; demander/he asked; répondre/she replied; expliquer/she explained; s'en aller/she went off; se mettre à/began to

B/C il frappa/he knocked; dit/he said; elle cria/she shouted; il entra/he went in; il se jeta sur elle/he threw himself at her; il dévora/he gobbled her up; il ferma/he shut; il se coucha/he got into bed; elle vint/she came; il se cacha/he hid; elle s'approcha de lui/she came up to him; elle fut/she was; il se recoucha/he got back into bed; il s'endormit/he fell asleep; il se mit à/he began to …

D 1 confirma/a confirmé; 2 décéda/a décédé; 3 furent/étaient; 4 se trouva/s'est trouvée; 5 dut/a dû; 6 se constituèrent/se sont constitués

F 2 past historic – narrative 3 imperfect – description 4 perfect – speech 5 perfect – speech 6 past historic – narrative 7 past historic – narrative 8 imperfect – description 9 past historic – narrative

The future tense (pages 54–5)

A 1 Je vais passer en seconde. 2 Guy va faire un BEP. 3 Laurent et Sighilde vont entrer dans un lycée. 4 Vous allez quitter le collège? 5 Elle va préparer un bac scientifique. 6 Tu vas aller dans un lycée professionnel?

B 1 choisirai 2 passeras 3 étudiera 4 prendrez 5 continuerons 6 finiront 7 apprendras

C 1 je serai 2 il aura 3 nous devrons 4 tu pourras 5 ils viendront 6 je voudrai 7 elle verra 8 vous direz 9 nous irons 10 je ferai 11 ils sauront 12 vous enverrez

D 1 travaillerez 2 payera 3 aura 4 ferez 5 mangerez 6 seront 7 pourrons 8 devrez 9 prendrez 10 voudrez

E Verseau – aurez / reverrez / vous remettrez / aidera

Poissons – aurez / attraperez / rendra / aurez

Bélier – apportera / offrira / ferez

Taureau – deviendra / verrez / visiterez / profiterez

Gémeaux – devrez / vous sentirez / manquerez / devrez / conseillera

Cancer – laissera / serez / essayerez / répondra

Lion – inquiétera / vous poserez / saurez / réfléchirez / prendrez

Vierge – sera / fera / commencerez / retrouverez

Balance – sera / serez / pourrez / comprendront / offriront

Scorpion – menaceront / gagnerez / dépenserez / cesseront / terminerez

Revision: main tenses of verbs (pages 56–7)

A 1 dors 2 conduit 3 prenez 4 écrivons 5 mets 6 craignons 7 bats 8 voyez 9 tiennent 10 buvons 11 reçoit 12 lis 13 connaissent 14 ouvre 15 comprennent

B 1 elles se sont levées 2 il a écrit 3 j'ai bu 4 ils ont mis 5 nous avons fait 6 vous avez pris 7 elle a craint 8 j'ai conduit 9 elle a dû 10 tu as ouvert 11 tu as eu 12 il a lu 13 vous avez apparu 14 ils ont dormi 15 nous nous sommes couchés

C 1 – 2 – 3 – 4 -s 5 -e 6 - 7 -e 8 -e

D 1 choisirez 2 ferons 3 auras 4 dirai 5 mettra 6 répondrez 7 prendra 8 comprendrons 9 dormirai 10 boiront

E 1 Elle a dit qu'elle n'avait pas assez d'argent. 2 Il a demandé si tu viendrais. 3 Ils ont expliqué qu'ils ne comprenaient pas. 4 Il a dit qu'il ne l'avait pas vu. 5 Elle a expliqué qu'elle ne s'était pas levée de bonne heure.

F Thérèse Desqueyroux

1 imperfect / description 2 imperfect / description 3 imperfect / repeated action 4 present / universal fact 5 imperfect / repeated action 6 pluperfect / to mean 'had' 7 imperfect / description/repeated action

F Antigone

1 present / general question, not referring to a specific time 2 imperfect / description 3 perfect / speech, to mean 'I have never been…' 4 immediate future / for something which is about to happen 5 perfect / speech, completed action 6 imperfect / incompleted action, meaning 'they were going to …' 7 conditional / to mean 'would' 8 present / description of something happening as we watch

G 1 Claire allait en France.

2 Ce serait sa première visite.

3 Elle n'avait jamais quitté sa famille.

4 Elle espérait qu'elle s'amuserait bien là-bas.

5 Elle parlait assez correctement le français.

6 Les nounours avaient fini leur pique-nique.

7 Ils avaient mal au ventre.

8 'Tu as trop mangé' a dit un des nounours.

9 'Tu seras malade ce soir.'

10 Il serait mieux si tu n'étais pas si gourmand.

11 La grammaire française est très importante.

12 Il faut l'apprendre pour l'examen.

13 Si tu ne connaissais pas les verbes irréguliers, tu pourrais faire beaucoup d'erreurs.

14 Tu apprendras trois verbes par jour par coeur?

15 Comme ça tu feras des progrès!

More verb forms

The imperative (pages 58–9)

A 1 Stop! 2 Go (on)! 3 Let's go! 4 Read! 5 Don't forget! 6 Let's buy some chocolate! 7 Say no! 8 Go faster!

B 1 asseyez-vous. 2 Ouvrez … 3 Cherchez … 4 Discutez … 5 parlez … 6 Répondez … 7 Faites … 8 Ecoutez … 9 Ecrivez … 10 Rangez …

C 1 Dis … 2 Demande … 3 Pose … 4 Explique … 5 Dessine … 6 Donne … 7 Appelle … 8 Prends … 9 Montre … 10 Envoie …

D 1 Ayez ... be confident; **2** Sachez ... Remember that everyone makes mistakes; **3** Soyez ... Be calm during the test; **4** ayez ... Don't be afraid to speak; **5** soyez Don't be shy!

E 1 Prenons Let's take the car.

  2 Allons Let's go to Scotland.

  3 Partons Let's leave immediately.

  4 Faisons Let's go camping.

  5 Visitons Let's visit Edinburgh.

  6 Passons Let's spend two weeks up there.

F 1 Ne mangez pas trop de calories.

  2 Ne buvez pas d'alcool.

  3 Ne grignotez pas devant la télé.

  4 Ne dînez pas sans compter les calories.

  5 Ne faites pas de courtes distances en voiture.

  6 N'achetez pas beaucoup de plats préparés.

G 2 lave-toi / ne te lave pas / lavez-vous / ne vous lavez pas / wash! / don't wash!

  3 habille-toi / ne t'habille pas / habillez-vous / ne vous habillez pas / get dressed / don't get dressed

  4 dépêche-toi / ne te dépêche pas / dépêchez-vous / ne vous dépêchez pas / hurry / don't hurry

  5 assieds-toi / ne t'assieds pas / asseyez-vous / ne vous asseyez pas / sit down / don't sit down

H 1 Mets-toi en route! **2** Fais-toi un thé. **3** Ne t'inquiète pas pour les enfants. **4** Ne te moque pas de lui. **5** Ne te coupe pas les doigts.

I 1 Prenez **2** Ouvrez **3** Profitez **4** Choisissez **5** Simplifiez **6** Ayez **7** Goûtez **8** Soyez

J 1 Mangez plus sain. **2** Ne gaspillez pas votre argent. **3** Levez-vous à l'heure. **4** Ne vous couchez pas trop tard. **5** Buvez deux litres d'eau par jour. **6** Viens ici. **7** Assieds-toi. **8** Ne te lève pas. **9** Ecoute bien. **10** Ne fais pas cela.

The conditional (pages 60–1)

A 1 devrais / You ought to make more effort.

  2 voudrions / We would like to spend a holiday in Greece.

  3 ferait / He ought to change his appearance.

  4 serait / It would be more sensible to stop here.

  5 pourraient / They could write to us from time to time.

  6 voudriez / Would you like to accept the job?

  7 j'aimerais / I'd like to see him again this weekend.

  8 Pourrais / You could do better.

B 2 j'achèterais une maison secondaire / if I were richer

  3 nous serions les meilleures amies / if I had a sister

  4 je sortirais ce soir / if I didn't have so much work

  5 je mangerais tous les chocolats / if I weren't on a diet

  6 je pourrais courir dix kilomètres / if I were fit

  7 je saurais danser le tango / if I had dancing lessons

  8 je jouerais mieux du piano / if I practised every day

  9 je pourrais renoncer aux cigarettes / if I weren't addicted

  10 je serais plus contente / if I were someone else

C 1 tu mangerais **2** j'irais **3** ils choisiraient **4** vous boiriez **5** tu vendrais **6** on devrait **7** il ferait **8** nous finirions

D 1 reliraient **2** auraient **3** n'oublieraient **4** écouteraient **5** suivraient **6** causeraient **7** travaillerions **8** prendrions **9** achèterions **10** vendrions **11** économiserions **12** n'aurions

E 1 se servirait de **2** recyclerait **3** se doucherait **4** aurait **5** utiliserait **6** irait **7** prendrait **8** fumerait **9** choisirait **10** achèteraiet

F 1 ferait **2** j'éteindrais **3** cuisinerais **4** mettrais **5** baisserais **6** laisserais **7** ferais **8** ferais **9** polluerais **10** vivrions **11** trouverions **12** jeterions **13** faudrait **14** feraient **15** auraient **16** achèteraient **17** mangeraient **18** jeteraient

G 1 Si je mangeais plus de fruits et de légumes, je serais en meilleure santé.

  2 Nous devrions éteindre les lumières quand nous quittons une chambre.

  3 Si mes voisins allaient ensemble au travail, ils économiseraient.

  4 Si tu regardais moins de télévision, tu aurais plus de temps pour cuisiner.

The subjunctive (pages 62–3)

A 1 avant que / tu reviennes / I will have finished before you get back.

  2 que / tu sois / I will wait until you are ready.

  3 bien que / il soit / I like him a lot, even though he is difficult to understand.

  4 afin que / tu puisses / I will explain so that you will be able to understand.

  5 pour que / tu saches / I will show you so that you know where it is.

  6 à condition que / tu travailles / You will succeed as long as you work.

  7 à moins que / il vienne / We will see him unless he doesn't come.

  8 pourvu que / il ait / I would like to employ him providing he has good references.

B 1 est **2** vienne **3** ce soit **4** fasse **5** comprend **6** aient

C tu aimes / il aime / nous aimions / vous aimiez / ils aiment tu lises / il lise / nous lisions / vous lisiez / ils lisent tu mettes / il mette / nous mettions / vous mettiez / ils mettent

D 1 lise **2** prennes **3** choisissent **4** mette **5** joue **6** boives **7** parte **8** attende **9** croie **10** viennent

E 1 devoir **2** être **3** faire **4** pouvoir **5** prendre **6** venir **7** savoir **8** vouloir

F 1 puisse **2** passent **3** ait **4** fassions **5** prenne **6** laisse **7** ayons **8** soit

G 1 to regret that **2** to be pleased that **3** to wish/want that **4** to order that **5** it is necessary that **6** it is possible that **7** it is important that **8** it is a pity that **9** it is necessary that **10** it is preferable that

H 1 soit **2** reste **3** preniez **4** ayons **5** doive **6** attendions **7** fasse **8** viennes

I 1 Il viendra à moins qu'il ne doive travailler.

  2 Il est possible qu'elle ait raison.

  3 Ils ne pensent pas qu'elle soit très capable.

4 Faites le travail pourvu que vous n'ayez pas de difficultés.

5 Ils doutent que ce soit une bonne idée.

6 Je veux que vous y alliez à deux.

J 1 … bien qu'il soit difficile de s'y adapter. **2** … afin que Europe ait une monnaie forte. **3** … pour que la France puisse rester compétitive. **4** … avant que tout le monde soit prêt à l'accepter. **5** … parce qu'on voulait que la France fasse comme les autres pays européens.

The present participle (page 64)

A 1 en mangeant / You will never lose any kilos by eating so many sugary foods.

2 en écoutant / She runs at least 5 kilometres every morning while listening to her i-pod.

3 en faisant / We are trying to become more supple by doing exercises twice a day.

4 en prenant / He has to follow a strict diet and take medicines at the same time.

5 en me relaxant / I try to avoid stress by relaxing every evening.

B nous lisons / en lisant; nous faisons / en faisant; nous finissons / en finissant; nous mettons / en mettant; nous attendons / en attendant

C 1 en attendant **2** ne sachant pas **3** en faisant **4** en écrivant **5** en ayant **6** en étant riche

D 1 en regardant **2** en écoutant **3** en écrivant **4** en faisant **5** en lisant **6** en voyant **7** en apprenant **8** en imitant **9** en allant **10** en cherchant

E 1 étant / As the girls are more sensitive, they are more concerned by this problem.

2 ayant / A bulimic specialist is a doctor who has at least five years of extra training.

3 faisant / Sporty people, who do much more exercise than other students, need more calories.

Depuis (page 65)

A 1 1957 **2** 1962 **3** 1673 **4** 2000 **5** 1974 **6** 1958 **7** 1634

B 1 The European Union has existed since 1957.

2 Algeria has been an independent country since 1962.

3 Molière has been dead since 1673.

4 Prices have been marked in Euros since 2000.

5 Great Britain has been a member of the European Union since 1974.

6 The Fifth Republic has been in existence since 1958.

7 The Académie Française has been in existence since 1634.

C 1 travaille / She has been working at the bank for two years.

2 cherche / She has been looking for a new job for three months.

3 discute / She has been discussing the situation with her boss for several weeks.

4 posent / Her parents have been asking her questions for months!

5 poussent / Her friends have been pushing her to make a decision for a long time.

D 1 Je travaille pour ma societé depuis trois ans.

2 J'apprends l'allemand depuis huit ans.

3 Depuis quand existe l'entreprise?

4 Depuis quand travaillez-vous dans ce bureau?

5 Je cherche un nouveau poste depuis trois mois.

E 1 … she had been living in Paris for two years.

2 … she had been working for Air France for three years.

3 … she had been learning French for six years.

4 … she had been looking for a new flat for a number of months.

F 1 Vous attendiez depuis quand avant son arrivée?

2 Ils travaillaient à Caen depuis deux ans.

3 Elle était aux Etats-Unis depuis une semaine.

4 Elle lui écrivait depuis plus d'un an.

5 Depuis quand le connaissait-elle avant leur mariage?

The passive (pages 66–7)

A 1, 3, 4, 6, 7

B 1 ont toujours été très influencés / perfect

3 sont consacrées / present

4 sont transmises / present

6 sera joué / future

7 sont bombardés / present

C 1 Young people <u>have</u> always <u>been</u> very <u>influenced</u> by television.

3 Why <u>are</u> so many hours <u>given up</u> for such an inactive and anti-social pastime?

4 I think that too many violent television programmes <u>are shown</u> early in the evening.

6 You cannot underestimate the educational role which <u>will be played</u> by the media.

7 Young television viewers <u>are bombarded</u> by a real tidal wave of adverts.

D 1f **2**a **3**i **4**h **5**g **6**e **7**b **8**c **9**d

E 1 Our free time is <u>enriched</u> by the media.

2 A huge range of products <u>is put</u> at our disposal.

3 Thanks to an enormous choice of films, no-one <u>will be forgotten</u>.

4 In the long term, CD Roms <u>will be replaced</u> by DVDs.

5 An enormous number of users <u>is affected</u> by the Internet.

6 A huge range of sites <u>is offered</u> to us.

7 I use CD Roms, but books <u>will</u> never <u>be</u> completely <u>replaced</u>.

8 In the future the business world <u>will be</u> more and more <u>affected</u> by the Internet.

9 Obviously we <u>are overwhelmed</u> by the range of choices.

F 1 est publié **2** est rédigé **3** sont écrits **4** sont prises **5** sont traités **6** sont exprimées **7** est destiné **8** sont présentées

G 1 Le Figaro est choisi par ceux qui ont une tendance de droite.

2 Le Monde est consideré comme un journal sérieux.

3 Le Figaro a été créé en 1854.

4 Les lecteurs de Libération sont concernés par les problèmes sociaux.

5 Des photos choquantes sont quelquefois publiées dans Paris Match.

H 1 La publicité choquante a été créée par Jean-Marc.

2 Le slogan ironique a été choisi par ses collègues.

3 La stratégie a été discutée par qui?

4 Nos clients ont été perturbés par cette campagne.

5 Beaucoup de consommateurs ont été choqués.

6 Cette campagne cynique n'a été admirée par personne.

I 1 These marvellous holidays in Boulogne will always be remembered.

2 The police were shocked by the number of road accidents.

3 The holidaymakers are joined by the townspeople for the carnival.

J 1 using 'on' **2** using an active sentence **3** using a reflexive verb

K 1 Un accident de route a tué le maire.. **2** La conduite de quelques vacanciers a choqué la police. **3** On n'oubliera jamais ces fatalités. **4** La police a noté les faits. **5** Ces sinistres ont ruiné les vacances de plusieurs familles.

The negative (pages 68–9)

A 1 Mon chien ne déchire pas les rideaux. **2** Il dort dans son panier. **3** Il n'est pas très gourmand. **4** Il ne fait pas pipi partout. **5** Il ne mange pas les chaussures. **6** Il ne griffe pas les meubles.

B 1 personne **2** rien **3** plus **4** rien **5** jamais **6** personne **7** personne **8** jamais

C 1 Elle n'a pas d'argent.

2 Nous n'avons pas d'idées.

3 L'école n'a pas de livres!

4 Il n'y a plus de thé.

5 Il n'écrit jamais de lettres.

D 1 aucune / He hasn't a single idea!

2 aucune / She has no friends in her class.

3 aucun / How many brothers have you? None.

4 aucun / There wasn't a single fish in the pond.

5 aucun / You will never pass a single exam.

E 1 Je n'ai ni l'argent, ni le temps.

2 Elle n'a ni enfants ni animaux domestiques.

3 Ils ne mangent ni viande ni poisson.

F 1 Elle n'a acheté que des légumes bio. **2** Ils n'ont bu que de l'eau fraîche. **3** Tu n'a pris que de la glace à la vanille?

G 1 Ils n'ont pas fait la lessive.

2 Ils n'ont rien nettoyé.

3 Ils n'ont pas aidé les voisins.

4 Ils n'ont rien rangé après la boum.

5 Ils n'ont pas fait les courses.

6 Ils n'ont presque rien mangé.

H 1 Ils ne se lèvent pas. **2** Elle ne s'habille pas. **3** Tu ne te dépêches pas? **4** Vous ne vous êtes pas couchés.

I 1 Ne faites pas les exercices. **2** Ne me donne pas ça. **3** Ne te lève pas. **4** Ne prends pas ton temps.

J 1 Il est important de ne pas perdre son billet. **2** Il vaut mieux ne pas attendre près des lignes. **3** On vous conseille de ne pas vous pencher dehors.

Infinitive constructions (1) (pages 70–1)

A 1 to like/love **2** to go **3** to hear **4** to make or do / have something done **5** to leave **6** to prefer **7** to seem **8** to see **9** to have to **10** to be able to **11** to want to **12** to know

B 1 adorent / faire **2** détestent / aller **3** préfèrent / partir **4** peut / trouver **5** doit / attendre / faire la queue

C 1 Les enfants savent faire du ski.

2 Ils aiment prendre des cours.

3 J'aime voir les enfants faire du ski.

4 Ils se concentrent parce qu'ils veulent faire des progrès.

5 Ils ne semblent pas avoir peur.

6 On peut les laisser skier seuls.

D 1 J'entends les enfants jouer dans le jardin.

2 Ils doivent se taire dans la maison quand je travaille.

3 Mais dehors, ils peuvent faire beaucoup de bruit!

4 Ils semblent s'amuser bien.

5 Vous les voyez courir et sauter?

E own choice

F 1 Il commence à pleuvoir.

2 Tu as (vous avez) appris à parler grec?

3 Je ne m'attendais pas à te (vous) voir.

4 Je n'ai pas réussi à finir le livre.

5 Tu as (vous avez) pensé à lui envoyer une carte?

6 Nous les avons invités à prêter notre résidence secondaire.

7 Elle l'a aidé à monter l'escalier.

8 Les enfants continuent à faire des progrès.

G 1 décider de **2** essayer de **3** finir de **4** oublier de **5** permettre de **6** suggérer de **7** refuser de

H 1 On peut éviter de le faire?

2 Nous venons de visiter Montpellier.

3 Tu dois (vous devez) arrêter de fumer.

4 Qu'est-ce qu'on t'a conseillé de dire?

5 Quelqu'un devrait l'empêcher d'y aller.

I Possible answers: **1** demandé de **2** permettent de **3** refusé de **4** conseillé de **5** arrêter de **6** venez de **7** oublient de

J 1 Nous devons l'empêcher d'y aller.

2 Qu'est ce que tu as (vous avez) décidé de faire?

3 Il a refusé de la voir.

4 Nous avons suggéré d'aller à Barcelone.

5 Ils devraient essayer d'être plus poli.

K 1 d' **2** à **3** – **4** de **5** à **6** – **7** de **8** de **9** de **10** – **11** d' **12** –

Infinitive constructions (2) (pages 72–3)

A + infinitive - penser / devoir / pouvoir

+ à infinitive - apprendre à / commencer à / obéir à

+ de + infinitive - permettre de / avoir le droit de / refuser de / être obligé de

B 1 sans payer 2 avant d'acheter 3 pour voir 4 il faut venir 5 avant d'aller à la banque 6 il faut répéter 7 sans attendre 8 avant d'apprendre à conduire 9 pour gagner de l'argent 10 sans devoir demander

C 1 Il faut prendre le bus pour aller à Rennes. 2 Ne pars pas (partez pas) sans dire au revoir. 3 Cherche (cherchez) l'horaire avant de partir. 4 Il faudrait peut-être attendre une heure.

D 1 J'ai persuadé à ma mère d'aller au concert. 2 Elle m'a demandé de lui acheter un billet. 3 Ils ont ordonné aux enfants de rester assis sans bouger. 4 Nous avons suggéré au vétérinaire de nous téléphoner. 5 Il a prié à son ami de lui donner de l'argent. 6 Elle a interdit à tous ses enfants d'aller à la fête.

E 1 à 2 à 3 de 4 de 5 à 6 à 7 de

F Possible answers: 1 cessé de / arrêté de 2 risques de 3 obligé à 4 offert de 5 arrêté de / cessé de 6 encourager à 7 autorisé 8 te contenter de 9 poussé à 10 perds mon temps à

G 1 de 2 à 3 de 4 de 5 – 6 à 7 de 8 à 9 de 10 de 11 de 12 de 13 à 14 – 15 de

Dependent infinitives (pages 74–5)

A 1c faire venir 2b faites entrer 3a faire nettoyer 4e a fait apporter 5d faire préparer

B 1 Where did you have your hair cut?

2 We are going to have the house painted this summer.

3 Can we have the goods carried out to the car?

4 You will have to have the rules explained to you again.

5 We are going to have a very good dinner served to us.

C 1 après avoir mangé / After eating it is best to rest for a while.

2 après avoir quitté / What are you intending to do after leaving school?

3 après avoir vu / After having seen the film, they went to the pancake restaurant.

4 après être parti / What did he do after leaving?

5 après être rentrés / After coming in, the boys settled down in front of the match.

6 après s'être décidée / After deciding to do it she didn't ask any extra questions.

D 1 Après avoir fini les devoirs, ils sont sortis.

2 Après avoir vu le match, elle était déçue.

3 Après avoir gagné le match, nous avons fait la fête.

4 Après avoir marqué un but, il est tombé par terre.

5 Après s'être blessés, ils ont été transportés à l'hôpital.

6 Après avoir perdu la médaille, tu as fait quoi?

7 Après avoir tout dépensé, je suis rentré chez moi.

8 Après avoir écrit la lettre, elle est allée à la poste.

9 Après avoir acheté les ingrédients, ils ont fait un gâteau.

10 Après avoir invité nos amis, nous avons nettoyé la maison de haut en bas.

E 1 Après avoir quitté la maison, Lara est allée à l'arrêt d'autobus.

2 Après être allée à l'arrêt d'autobus, elle a attendu cinq minutes.

3 Après avoir attendu cinq minutes, elle est montée dans le bus.

4 Après être montée dans le bus, elle a composté son billet.

5 Après avoir composté son billet, elle a traversé la ville.

6 Après avoir traversé la ville, elle est descendue du bus.

7 Après être descendue du bus, elle a marché pendant 5 minutes.

8 Après avoir marché pendant 5 minutes, elle est arrivée au bureau.

9 Après être arrivée au bureau, elle s'est fait un café.

F 2 Après m'être lavé(e) je suis rentré dans ma chambre.

3 Après s'être querellés ils sont partis sans se parler.

4 Après s'être réfugiée chez elle, elle a refusé d'ouvrir la porte.

5 Après nous être bronzé(e)s, nous avons acheté des t-shirts blancs.

6 Après s'être maquillées, elles sont partis pour la boum.

G 1 Qu'est-ce que vous avez fait après avoir quitté Londres?

2 Nous avons pris un café après avoir fini le travail.

3 Après avoir quitté la gare, le train s'est arrêté soudainement.

4 Vous avez fait des progrès après être allé au stage?

5 Pourquoi n'as tu pas appelé après être arrivé(e) à la maison?

6 Qu'est-ce qu'ils ont fait après être retournés à Nice?

7 Est-ce qu'ils t'ont écrit après avoir passé le weekend chez toi?

8 Après être monté toutes les marches il était épuisé.

9 Qu'est-ce qu'il a fait après s'être promené sur la plage?

10 Après avoir acheté l'ordinateur il ne me restait plus d'argent.

H own choice

Revision: more verb forms (pages 76–7)

A 1 se détendant 2 évitant 3 ayant 4 buvant 5 faisant 6 discutant 7 acceptant 8 réfléchissant 9 dormant 10 consultant 11 se concentrant 12 prenant

B 1 Après avoir vendu sa maison à Paris, Marc a acheté un appartement à Paris.

2 Après s'être habitué au nouveau quartier, il a commencé à faire la connaissance des voisins.

3 Après s'être installé dans la capitale, il a fait le tour de tous les monuments.

4 Après avoir visité tous les quartiers, il a décidé qu'il préférait le sien.

5 Après avoir décoré sa chambre en bleu et or, il a acheté de nouveaux meubles suédois.

C 1 ... achèterait une Lamborghini 2 ... feraient le tour du monde 3 partirions à New York 4 ... achèterais un appartement? 5 ... choisirait de nouveaux bijoux. 6 ... feriez construire une résidence secondaire. 7 ... prendraient sa retraite 8 ... serais tout à fait content

D 1 sois 2 brosse-toi 3 prends 4 oublie 5 te couche

E 1 Elle ne se dispute pas avec ses amis.

2 Elle ne se bat jamais avec son frère.

3 Elle n'insulte personne.

4 Si elle est en colère elle ne dit rien.

5 Elle ne désobéit plus à ses parents.

6 Personne ne la trouve désagréable.

F 1 menacer de 2 oublier de 3 perdre son temps à 4 permettre
à qn de 5 sembler 6 continuer à 7 arrêter de / cesser de
8 tendre à 9 savoir 10 empêcher de 11 s'attendre à 12 inviter
à 13 laisser 14 risquer de 15 préférer 16 apprendre à
17 refuser de 18 décider de 19 conseiller à qn de 20 essayer
de 21 vouloir 22 oser 23 finir de 24 devoir 25 se tarder à
26 voir 27 réussir à 28 éviter de 29 suggérer à qn de
30 renoncer à

G 1 Je ne crois pas que le premier mininstre le sache.

2 Je ne crois pas qu'il ait raison.

3 Il faut qu'elle prenne une décision.

4 Il réussira à condition qu'il suive le mode d'emploi.

5 Vous ne croyez pas qu'elle prenne un risque?

6 Que voulez-vous que je fasse?

7 Il est dommage qu'ils soient absents.

8 Je ne suis pas sûre qu'il puisse le faire.

H 1 sont écrits 2 sont vendus 3 sont transmis 4 est lancée
5 sont exploitées 6 seront remplacés 7 sera fourni 8 seront
vidées 9 seront … publiés 10 sera équipée

Grammar for A2

The future perfect (page 78)

A 1 serons habitués 2 aurai choisi 3 sera sortie 4 aura acheté
5 auront compris

B 1 sera rentré 2 aurons lu 3 auront décidé 4 seras parti
5 aura fini 6 serai souvenu 7 aurai trouvé

C 1 annonceront 2 sera 3 se fermera 4 pourrons
5 apprécieront

D Possible answers include:

1 il vous téléphonera.

2 nous comprendrons mieux la situation.

3 ils se mettront en route.

4 je serai seul à la maison.

5 elle regardera la télévision.

6 je te le dirai.

7 je te la donnerai.

E 1 auront développé, aura 2 aura identifié, sera 3 auront fini,
pourront 4 aura fait, saura 5 auront réussi, deviendront

The perfect conditional (page 79)

A 1 ils auraient remarqué qu'il avait des amis violents

2 il n'aurait pas eu l'idée de se comporter de façon violente

3 il serait peut-être allé à l'université 4 il se serait moins ennuyé

1 If Martin's parents had been more vigilant they would
have noticed that he had violent friends.

2 If he had not watched so many violent videos he would
not have had the idea of behaving violently.

3 If he had worked harder at school he might have gone to
university.

4 If he had succeeded in finding a job he would have been
less bored.

B 1 serait allée 2 aurai su 3 auraient vu 4 se serait fâché
5 aurais pu 6 aurais dû 7 aurions voulu 8 seraient parties
9 serait arrivé 10 aurais été

C Possible answers include:

1 elle serait allée en France

2 il se serait fâché

3 ils auraient vu l'accident

4 nous aurions voulu le voir

5 j'aurais dû le regarder à la télévision

D aurait dû, ne serait pas allé, aurait refusé, ne se serait
jamais comporté

The passive (pages 80–1)

A 1 sont causés 2 suis choqué 3 sont citées 4 sont envisagées
5 est proposée

1 It seems that most accidents are caused by a driver who
has had too much to drink.

2 I am shocked by this article.

3 The statistics quoted here are terrible.

4 Certain measures are planned by the government.

5 A new law is proposed to increase road safety.

B 1 a été causé 2 a été blessée, a été transportée 3 a été
arrêté, a été emmené 4 ont été convoqués, ont été
interrogés

C seront créées, seront priviligiés, seront autorisés, ne sera
plus polluée, sera limitée, seront mis, seront
subventionnées, sera mieux adapté

D étaient fermées, étaient obligés, étaient interdites, étaient
priés, n'était pas ouvert, était accompagnée

E Le château avait été construit en 1570. La tour avait été
détruite par le feu en 1780, mais elle avait été rebâtie après. Le
château avait été donné à l'Etat en 1951 et toutes les pièces
principales avaient été restaurées pendant les années 70. Au
musée, il y avait une exposition de tous les objets qui
avaient été trouvés pendant la restauration.

F 1 sont tués 2 ont été construites 3 ont été supprimés
4 avaient été créés 5 a été adoptée 6 étaient influencés
avaient été considérés 7 seront favorisés 8 seront
encouragés 9 sera remplacée 10 sera limité.

1 Today many people are killed in road accidents.

2 Twenty years ago motorways were built all over
Europe.

3 At that time, public transport was cut back in favour of
cars.

4 Later people became aware of the problems which had
been created by this policy.

5 Towards the end of the twentieth century, a new
transport policy was adopted.

6 Politicians were influenced by ecologists, who had been
regarded as eccentrics a few years earlier.

7 In the future, buses and trains will have priority.

8 From today, car drivers will be encouraged to use public transport.

9 In twenty years' time perhaps the current car will be replaced by an electric car.

10 In 2020, the car's role will be limited.

G 1 a1,b2* 2a4,*b1 3a1,b2* 4a1*,b2

(* in above indicates option to be ticked)

The subjunctive (pages 82–3)

A 1 vienne 2 boive 3 veuillent 4 puissions 5 sois 6 doive 7 sachent 8 fassiez 9 comprennent 10 ait

B 1 jusqu'à ce qu'il vienne 2 pour que / afin que tu saches 3 bien que / quoiqu'il doive 4 avant que vous boiviez 5 bien qu'elle veuille 6 à condition que je fasse 7 pourvu qu'elle comprenne 8 quoique vous ayez 9 pour que nous soyons 10 jusqu'à ce qu'ils puissent

C 1 Il faut que vous compreniez tous que le racisme est intolérable.

2 Je ne suis pas sûr que mes parents soient assez tolérants au fond.

3 Bien que nous achetions des lecteurs CD japonais et que nous mangions des pizzas italiennes, nous n'aimons pas les étrangers.

4 Beaucoup de gens craignent que l'Europe devienne de plus en plus raciste.

5 Il est important que les politiciens sachent la vérité.

6 Avant que le gouvernement puisse combattre le racisme, les gens doivent reconnaître leurs propres préjugés.

7 Je ne crois pas que les étrangers aient assez de droits dans notre société.

8 SOS RACISME veut que tout le monde reconnaisse les attitudes racistes.

9 Il est dommage qu'il y ait très peu de présentateurs noirs à la télévision.

10 Il est possible que certain immigrés veuillent rester séparés.

D fussent (were), pussent (could), fissent (made), changeassent (were changing), jouassent (played), allassent (went), apprissent (learned), parlassent (spoke)

E 1 eussent avoir 2 fussent être 3 parlassent parler 4 crussent croire 5 dissent dire 6 allassent aller 7 sussent savoir 8 pussent pouvoir 9 dussent devoir 10 vinssent venir

F 1 sorte 2 a 3 puissions 4 soient 5 devient 6 fassions 7 prend 8 aillent 9 veuillent 10 sache

Revision: Grammar for A2 (pages 84–5)

A aura limité, deviendront, auront compris, utiliseront, aura fait, aura, aura créé, voudra

B 1 Aussitôt que les Européens auront voté aux élections, les nouveaux députés se réuniront à Strasbourg.

2 Dès que j'aurais fini mes études, je chercherai un emploi en Europe.

3 Quand nous aurons commencé à travailler plus souvent ensemble, l'Europe sera plus unie.

C 1 aurait eu 2 ne serait pas devenue 3 auraient refusé 4 ne seraient pas venus 5 ne serait pas entrée

D 1 Si le gouvernement avait donné plus d'argent aux hôpitaux, les infirmières n'auraient pas fait la grève. 2 Le fast food ne serait pas devenu si populaire si les consommateurs ne l'avaient pas aimé. 3 Si j'avais lu l'article au sujet des usines au Tiers Monde, je n'aurais jamais acheté ces baskets.

E Possible answers

1 Des millions de voitures se vendent chaque année.

2 Trop de gens sont influencés par la publicité pour les nouvelles voitures.

3 Nos villes sont polluées par les gaz d'échappement.

4 On considère maintenant la pollution comme un problème grave.

5 Autrefois, on considérait les bus comme démodés.

6 Les automobilistes étaient priviligés.

7 Soudain, pendant les années 90, on a exprimé d'autres opinions.

8 On a parlé des idées qui avaient été oubliées depuis longtemps.

9 Depuis cette époque, des pistes cyclables ont été créées dans beaucoup de villes.

10 De nouvelles lignes de tram ont été construites.

11 On a persuadé les gens d'utiliser les transports collectifs.

12 On a donné la priorité aux piétons et aux cyclistes.

13 Dans dix ans peut-être, nous serons tous obligés d'abandonner nos voitures.

14 Notre environnement sera mieux protégé.

15 Moins de gens seront tués et blessés chaque année sur nos routes.

D 1 pût 2 vivissent 3 fût 4 eût 5 avait 6 aimassent 7 voulaient devinssent 9 devait 10 gardât

1 Isabelle doubted that a society without racial tension could be created.

2 She would have preferred different groups to live separately.

3 Everybody would have to have been more tolerant.

4 It was possible that there was discrimination.

5 It was clear that there was prejudice against immigrants.

6 Although the French loved their national cuisine, McDonalds has been hugely successful in France.

7 It was certain that big companies wanted to sell their products abroad.

8 Globalisation should have been discussed before some companies became too powerful.

9 The director was convinced that the company had to adopt a global strategy.

10 But the employees preferred the company to keep its individual character.

Revision of whole book

Revision of pages 4–17 (page 86)

A 1 un sondage, le fast-food, les jeunes, les repas, des heures, une portion, frites, un rôti, boeuf, un coca, un vin.

2 la nourriture, la santé, de matières, de sucre, de fruits, de légumes, les Français, de pain, des plats, la France, le pays

B nouveaux, important, actuelle, évident, progressivement, traditionnels, écrite, évidemment, grands, facilement, bas, certains, difficile, pauvres, défavorisées, petits, spécialisés, cher, âgés, quotidien, constamment

C 1 Cette nouvelle loi est importante pour l'économie rurale de la France.

2 Beaucoup de vieilles voitures françaises sont actuellement une cause importante de la pollution.

3 Dans les hypermarchés modernes on trouve tout facilement et vite.

4 L'ancien premier ministre voulait évidemment aider les familles les plus pauvres.

5 De nos jours, les étudiants ambitieux espèrent tous devenir avocat célèbre ou informaticien riche.

6 Mes grands-parents aiment leur village tranquille, et le bruit de la circulation en ville est trop fort pour eux.

Revision of pages 18–31 (page 87)

A à, des, à l', d', à, du, de l', au, en, en, en, de, de la, à, de, en, de, à la, de, de, de, du, en, en, à, des, d', d', en, de la, à, en, au, de, en, d', de, en

B 1 je la regarde 2 L'avez-vous vu? Mais moi, j'y étais! 3 je les ai trouvées 4 je la lui ai envoyée 5 on s'y intéresse beaucoup 6 En savez-vous le nom? Mon père ne s'en souvient plus. 7 nous n'avons pas envie de les y accompagner. 8 nous espérons en discuter avec eux demain soir.

C 1 Beaucoup de Français lisent "Libération", qui aborde les problèmes sociaux. 2 La pollution de l'air est un problème grave, dont tout le monde parle. 3 Il faut se servir de produits recyclés, qu'il est souvent difficile d'acheter. 4 Nabila, qu'on a rencontrée au café, habite dans la banlieue marseillaise. 5 Considérons le Québec, où le français est la langue officielle.

D 1 ceux 2 qui 3 laquelle 4 celui 5 lequel 6 celles

Revision of pages 32–57 (pages 88–9)

A 1 lisent 2 disent, commençons 3 choisissent 4 paraît, achète 5 vais, préfèrent 6 sait, se vendent 7 comprends, veut 8 va, devons

B 1 Il a pris la boîte et l'a ouverte soigneusement.

2 On nous a entendus parler dans la rue.

3 Tous les Français ont appris l'anglais à l'école.

4 Ma famille est partie en Grèce où nous avons loué une villa.

5 Mes deux soeurs sont restées à la maison.

6 Un accident s'est produit sur l'autoroute et deux personnes sont mortes.

C étaient, avaient, apprenait, faisait, devaient, pouvaient, vivait, préférait, s'ennuyait, intéressaient, savait, avait

D fumaient, ne coûtaient pas, fumait, ont découvert, donnait, a pris, avait, a obligé, a parlé, ont affirmé, faisait, se comportaient, ont dit, représentait

E 1 avait appris 2 n'avait pas vu 3 était arrivé 4 avaient dû 5 était tombée 6 avaient entendu, avait dit 7 était déjà partie, avait disparu 8 avait achetée

F 1 aura 2 ira 3 achèterons 4 verrons 5 pourra 6 devront 7 protégeront 8 fera 9 consommerons 10 sera

G se réveilla (woke up), vit (saw), prit (took), sortit (went out), descendit (went down), entra (went in), surprit (surprised), poussa (gave), se dirigea (went), comprit (realised), se mit (started), entendirent (heard), vinrent (came) arrêtèrent (arrested), emmenèrent (took)

H 1 irons 2 est devenue 3 trouvaient 4 sera 5 fait 6 avait perdu 7 regardais, a eu 8 étaient parties 9 partagent 10 viendront

Revision of pages 58–77 (page 90)

A 1 je sortirais, je ferais, je lirais 2 il jouerait, il rangerait, il pourrait 3 ils auraient, ils verraient, ils seraient

B 1 soient 2 ait 3 prenne 4 puissent 5 sachions 6 fassent 7 pleuve 8 parte 9 interdise

C 1 – 2 à 3 à 4 – 5 de 6 à 7 –, de 8 de, de

D 1 Après avoir rencontré des copains, nous sommes allés au café.

2 Après avoir quitté l'école, elle s'est ennuyée.

3 Après s'être mises en route, elles ont eu un pneu crevé.

4 Après avoir terminé ses études, mon frère a travaillé à l'étranger.

5 Après m'être occupé(e) des enfants, j'ai fait le ménage.

E 1 Sois / soyez sage et n'oublie / oubliez pas de me téléphoner. 2 Voudrais-tu / Voudriez-vous être célèbre? 3 Si j'avais plus de temps libre, je ne m'ennuyerais jamais. 4 Nous devrions tous penser davantage à l'environnement. 5 Bien qu'elle soit anglaise, personne ne le sait. 6 Les écologistes veulent que nous devenions plus verts. 7 Il est possible que le gouvernement ne veuille pas que nous comprenions l'affaire. 8 Ce problème existe depuis plusieurs ans.

Revision of page 78–85 (page 91)

A 1 aura fini, ira 2 aura créé, sera 3 sera arrivé, pourra 4 enverra, auront commis 5 se sera mise, aura 6 partirai, auront cessés

B avais su, aurais pris, aurais dû, aurait coûté, avais décidé, aurais pu, serions arrivés, nous serions arrêtés, aurions bu, nous serions acheté, avais été, aurions fait, aurions eu, aurions vu, serions entrés

C 1 L'accident a été causé par un jeune automobiliste. 2 Ces produits sont fabriqués en France. 3 Le chien a été écrasé par un motocycliste. 4 La lettre sera publiée dans le journal. 5 La route était bloquée par les tracteurs. 6 L'université a été fondé par le roi.

D soient, fassent, avouent, aiment, choisisse, demande, doive, puissent, est, cesse, exagère, comprenne, est

E 1 Aussitôt que la lettre sera arrivée, je leur téléphonerai. 2 Si j'étais allé à Paris, j'aurais voulu voir la Tour Eiffel. 3 L'église a été restaurée en 2000, et la tour sera reconstruite l'année prochaine.